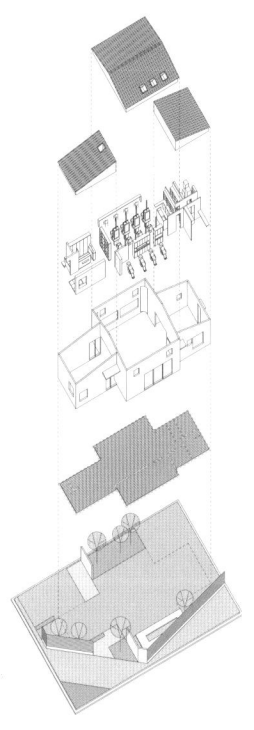

見てすぐつくれる
建築模型の本

長沖充 著

彰国社

この本はこんな人のためにつくりました

はじめに

建築のデザインにおいて、模型の果たす役割はとても大きい。
図面を見ることが苦手な人にも、その建築のイメージが、どういったものであるのかを、相手にひと目で伝えることができるのが、模型の最大のメリットだ。

実務の現場では、設計の初期段階から何十個、時には何百個というスタディ模型をつくりながら、思考をめぐらせデザインを決めていく。
まだ現実には建っていない建築や空間のスケールを考えながら確認する、そのような空間をつくるプロセスにおいて、模型はとても重要な役割を果たしている。

4

はじめに

そんな設計に有効な模型だが、はじめてつくる人、慣れていない人には少々ハードルが高いようだ。課題の締め切りに間に合わない、きれいにつくれない、もっと早く効率よくつくれないだろうか…そんな悩みがあるのではないだろうか。

この本では、加工のしやすいスチレンボードを使った模型のつくり方を紹介する。イラストと写真で、模型がどのようなパーツで構成されているのか、どのような手順でつくると効率がよいのか、「見てすぐつくれる!!」ように構成している。
簡単な基本のテクニックからちょっとした応用表現までマスターできる。

模型をつくるときには、テクニックよりなにより、自分のイメージした建築や空間が「どのような感じになるのだろう」とか「こうだったらカッコイイなあ」など、心躍らせ楽しみながらつくることが、模型上達の一番のモチベーションとなる。
そのような人たちにこの本が活用されることを心から願っている。

CONTENTS

はじめに　模型って何？ ……………… 3

CHAPTER 1　基本の材料とテクニック

1　必要な材料 ……………………… 10
2　必要な道具 ……………………… 12
3　基本の切り方 …………………… 14
4　型紙をつくる …………………… 16
5　部材のきれいな切り方 ………… 18
6　基準のカットラインをつくる … 20
7　フリーハンドで切る …………… 21
8　接着剤の塗り方 ………………… 22
9　両面テープを活用する ………… 23
10　スプレーブースをつくる ……… 24
11　小口を見せない「1枚残し」 … 26
12　鋭角をつくる …………………… 28
13　立方体をつくる ………………… 30
14　入隅のきれいな切り方 ………… 32
15　立体フレームをつくる ………… 34
16　トラスをつくる ………………… 36
17　同じ長さ・幅の棒材をたくさん切る … 38
18　曲面をつくる …………………… 40
19　色紙を使う ……………………… 42

CHAPTER 2　家をつくる

1　全体をイメージする …………… 44
2　図面を用意する ………………… 50
3　図面から型紙をつくる ………… 52
4　組み立てのポイント …………… 50
5　つくり方の手順 ………………… 52
6　敷地模型をつくる ……………… 54
7　建物本体をつくる ……………… 56
8　内部・家具をつくる …………… 60
9　屋根をのせる …………………… 63
10　外構・添景をつくる …………… 64

目　次

　11　2階建ての住宅をつくる …………… 66
　12　分離ラインの位置でプレゼンが決まる　68

CHAPTER 3　リアリティを与える

　1　高低差のある敷地模型をつくる ……… 72
　2　色紙でファサードを表現する ………… 74
　3　いろいろな開口部の表現 ……………… 76
　4　階段をつくる …………………………… 78
　5　パーゴラをつくる ……………………… 82
　6　家具をつくる …………………………… 84
　7　水まわりをつくる ……………………… 92
　8　人をつくる ……………………………… 94
　9　車をつくる ……………………………… 96
　10　植栽をつくる …………………………… 98

CHAPTER 4　コンセプトを伝える表現

　1　コンセプトと縮尺に合わせた表現 …　104
　2　1階と2階に分かれる模型 …………　106
　3　断面がわかる模型 ……………………　108
　4　屋根・壁・1階・2階がとれる模型　110
　5　インテリアを見せる模型 ……………　112
　6　縮尺の大きな模型 ……………………　114
　7　屋根や壁を見せる表現 ………………　116
　8　ユニットの表現 ………………………　118
　9　構造体を見せるスケルトン模型 ……　120
　10　イメージからつくる模型 ……………　122
　11　光る模型 ………………………………　124
　12　バルサ材を使う ………………………　126
　13　新聞や雑誌の切りぬきを使う ………　128

CHAPTER 5　模型をつくった後にすること

　1　専用ボックスをつくる ………………　130
　2　模型写真を撮る ………………………　132

　　おまけ　使える型紙 …………………　135

装丁・本文レイアウト：伊原智子（るび・デザインラボ）
写真：畑拓
模型製作協力：鈴木寿洋・寺沢真琴

CHAPTER 1

基本の材料とテクニック

1	必要な材料	10
2	必要な道具	12
3	基本の切り方	14
4	型紙をつくる	16
5	部材のきれいな切り方	18
6	基準のカットラインをつくる	20
7	フリーハンドで切る	21
8	接着剤の塗り方	22
9	両面テープを活用する	23
10	スプレーブースをつくる	24
11	小口を見せない「1枚残し」	26
12	鋭角をつくる	28
13	立方体をつくる	30
14	入隅のきれいな切り方	32
15	立体フレームをつくる	34
16	トラスをつくる	36
17	同じ長さ・幅の棒材をたくさん切る	38
18	曲面をつくる	40
19	色紙を使う	42

1 必要な材料

まず模型づくりに「これだけは必要!」という材料をみてみよう。
本書では、一般的なスチレンボードを主に使用した模型について解説する。

スチレンボード

建築模型でもっとも多く使われる材料。
発泡スチロールボードの両面に上質紙を貼ったもので、軽くてとり扱いやすく、カッターで簡単に切れる。厚さは1mm、2mm、3mm、5mm、7mmなど。
ブラックスチレンボードという発泡スチロールボードの表面に貼った上質紙が黒い材料もある。厚さは5mmの1種類。

● 用途……床、壁、屋根などの建物の本体部分。また、台座、敷地などほとんどの部分

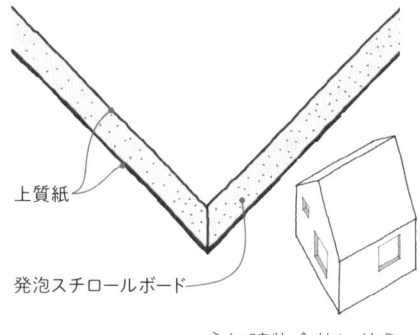

主に建物全体に使う

スチレンペーパー

発泡スチロールでできた薄いボード。気泡が細かい材料なので精密な加工物をつくることができる。スチレンボードと違い、表面に上質紙が貼られていないので、さらにカットの加工がしやすい。また、曲面の加工などがしやすいので、敷地の等高線の積層模型などに適している。厚さは1mm、2mm、3mm、5mm、7mmがある。

● 用途……敷地、等高線のある敷地、家具など

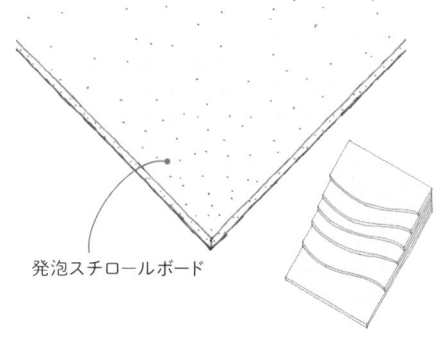

等高線などの表現

ハレパネ

スチレンペーパーの片面を接着剤でコーティングし剥離紙を貼ったボード。剥離紙をはがして、接着面に図面を貼ってプレゼン用のボードに使ったり、模型の土台に利用する。

● 用途……プレゼン用ボード、模型の土台など

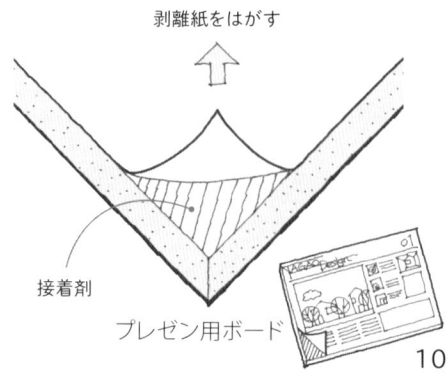

プレゼン用ボード

CHAPTER 1　基本の材料とテクニック

色紙

さまざまな種類の色紙があるので、使用目的に合わせて選択する。紙の銘柄は、生産終了となってしまうものもあるので注意する。

● 用途……屋根、壁、床材料の仕上げ表現など。色紙に、木目などのテクスチャーを印刷して表現することもできる。

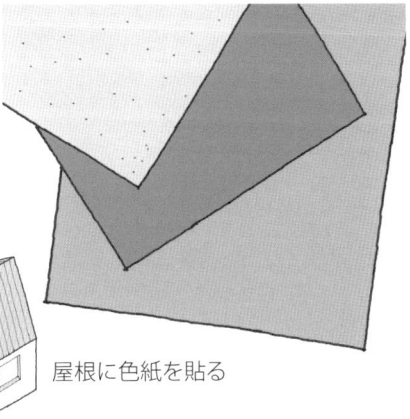

屋根に色紙を貼る

ウルトラボブとスーパーボブ

細かい波状の表情をもつ色紙の一種。屋根や壁の仕上げ表現や階段などに使う。ウルトラボブの方がスーパーボブより波形が細かいので、ウルトラボブは、縮尺1：100の階段に、スーパーボブは1：50の階段の表現に使える。

● 用途……屋根や外壁の仕上げ表現、階段など

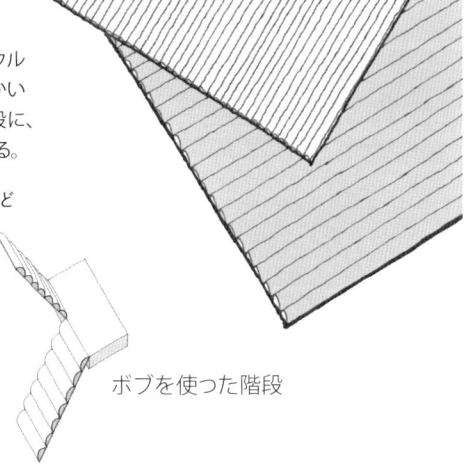

ボブを使った階段

白い厚紙

スノーマット紙やケント紙などの商品がある。スノーマット紙は、白い紙のボードで、切断した断面も白色である。
加工もしやすく、しっかりとしたコシもあるので、本体の模型にも家具などの小物の模型にも適している。

● 用途……家具など

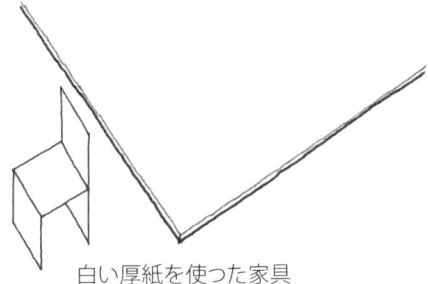

白い厚紙を使った家具

11

2 必要な道具

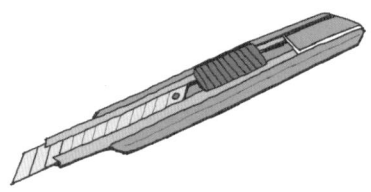

薄刃カッター
一般に購入時は刃先の角度が 45 度の刃が装着されているが、別途販売されている刃先の角度が 30 度の方が、模型製作には加工もしやすくより細かな作業ができるので交換するとよい。

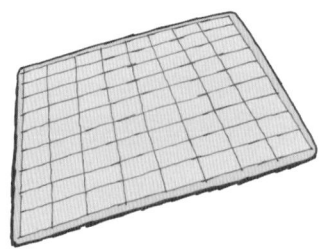

カッターマット
加工精度をあげるために、マットを使う。段ボールやその他のもので代用しない方がよい。大きい模型部材（敷地など）を加工するときもあるので、最低でも A2 サイズはほしい。

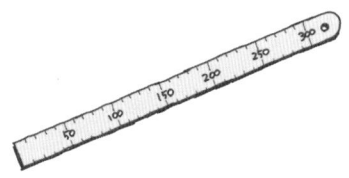

直定規（ステンレス製）
一番使用頻度が多いのは 30cm。さらに、15cm や 60cm を用意すると、材料やつくる部材の大きさによって使う定規を選べて効率があがる。プラスチック製やアルミ製のものは、カッターの刃が定規を削ってしまうので使わない。

One Point

◎**カッター選びのポイント**

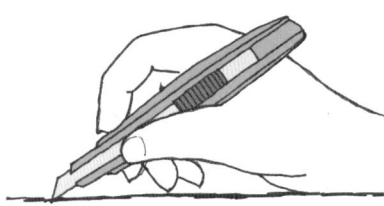

カッターで部材を切るときは人差し指でカッターを押さえつけるようにする。長時間カッターを持ち続けると、人差し指の腹の部分が痛くなるので、指の腹があたる部分があまり細くないカッターを選ぶとよい。

◎**カッターの調整**

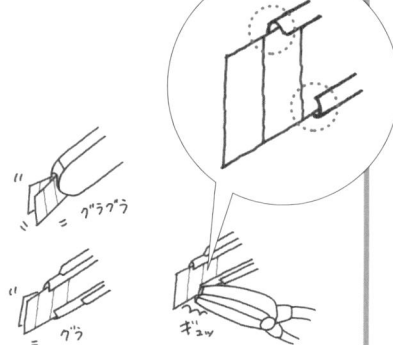

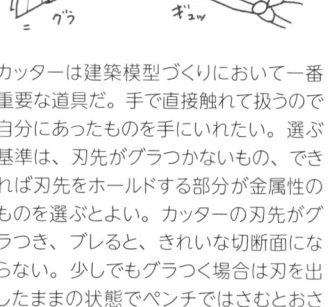

カッターは建築模型づくりにおいて一番重要な道具だ。手で直接触れて扱うので自分にあったものを手にいれたい。選ぶ基準は、刃先がグラつかないもの、できれば刃先をホールドする部分が金属性のものを選ぶとよい。カッターの刃先がグラつき、ブレると、きれいな切断面にならない。少しでもグラつく場合は刃を出したままの状態でペンチではさむとおさまる。強くはさみすぎると刃が動かなくなってしまうので注意する。

CHAPTER 1　基本の材料とテクニック

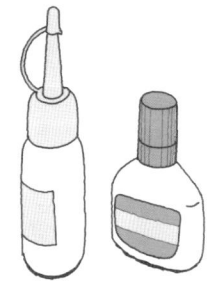

両面テープ
幅のサイズは 5 mm、15 mm、50 mm の 3 種類は用意したい。

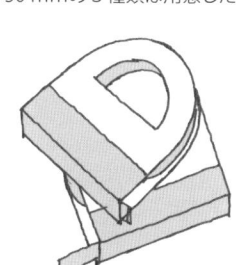

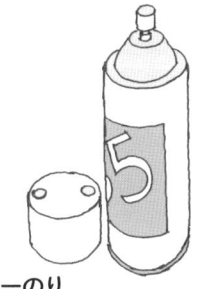

接着剤
部材同士の接着に使うスチレンのりや木工用ボンド。

スプレーのり
色紙の接着など広い面に使う。接着力の強いものはやりなおしがきかないので注意。

スコヤ（直角定規）
部材を垂直に切ったり接着するときに使用する定規。

紙やすり
部材の切り口を整えるときに使う。スチレンボードの切れ端などに貼りつけて使う。

ゲージつき定規
同じ幅や長さの部材を複数切り出すときに、定規にとりつけて使う。一度ゲージを固定すれば毎回寸法を読まなくてよいので効率があがる。

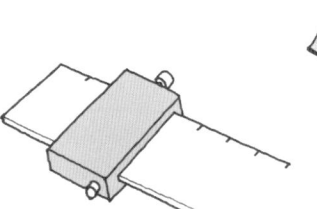
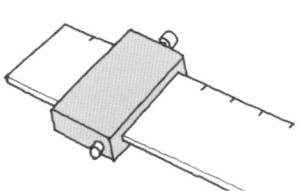

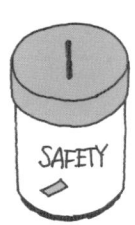

安全刃折処理器
カッターの切れなくなって折った刃を保管するためのもの。折れた刃を放置すると、模型の部材を傷つけたり、けがをすることもあるため、しっかり管理する。

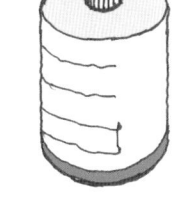

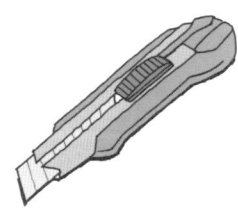

ソルベント
ペーパーセメントの溶解液。スチレンボードの紙を剥離するときなどに使う。

厚物カッター
厚く、硬い材料を加工する場合に使用する。本体も大きく、刃も厚いので力を込めて切れる。とり扱いには十分注意する。

13

3 基本の切り方

建築模型製作の一番重要な作業が部材の切り出しである。
部材とは、建築模型を形づくる床や壁などのことで、1枚の大きなスチレンボードなどの材料から、それらを切り出す。ひとつひとつの部材の精度が仕上がりに大きく影響する。切り方は模型の基本中の基本である。まずはまっすぐな切断面になるように切れることをめざす。カッターで材料を切るときの、用紙の種類、厚さ、素材の違いなどで、手に伝わる負担や感覚がそれぞれ異なるので、切る力の感覚を身につけよう。

● **上から下にまっすぐに切る！**

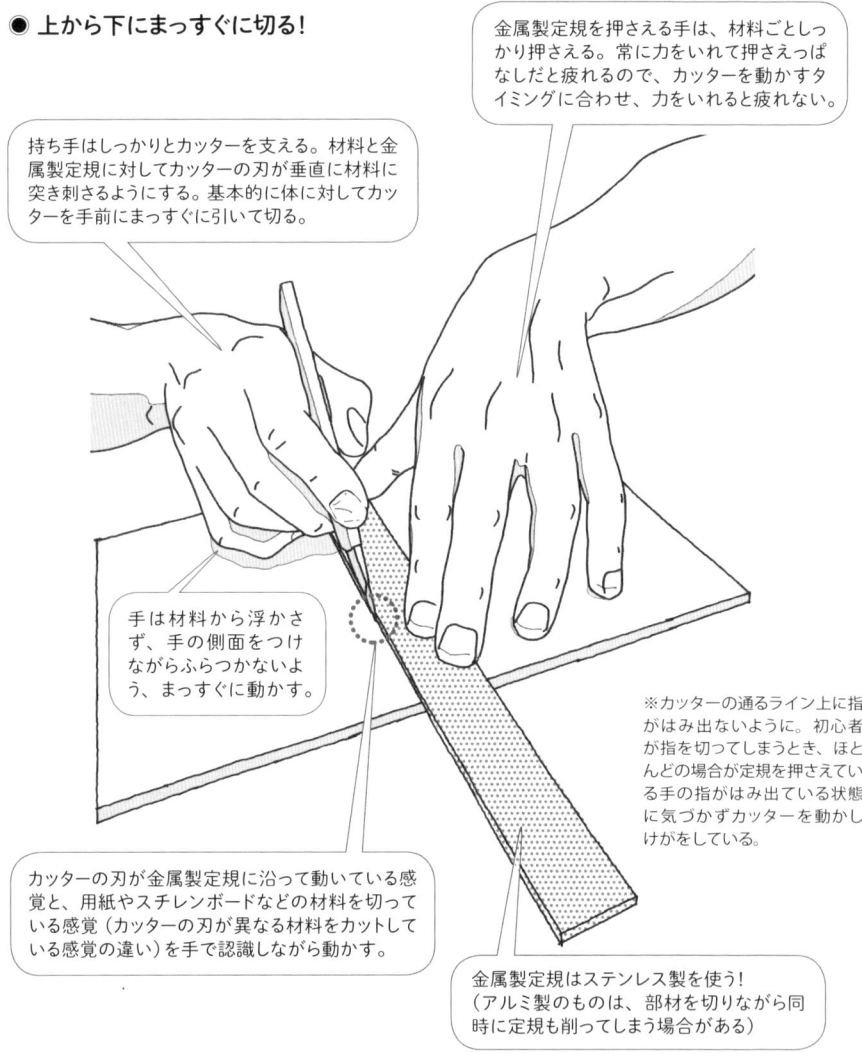

持ち手はしっかりとカッターを支える。材料と金属製定規に対してカッターの刃が垂直に材料に突き刺さるようにする。基本的に体に対してカッターを手前にまっすぐに引いて切る。

金属製定規を押さえる手は、材料ごとしっかり押さえる。常に力をいれて押さえっぱなしだと疲れるので、カッターを動かすタイミングに合わせ、力をいれると疲れない。

手は材料から浮かさず、手の側面をつけながらふらつかないよう、まっすぐに動かす。

※カッターの通るライン上に指がはみ出ないように。初心者が指を切ってしまうとき、ほとんどの場合が定規を押さえている手の指がはみ出ている状態に気づかずカッターを動かしけがをしている。

カッターの刃が金属製定規に沿って動いている感覚と、用紙やスチレンボードなどの材料を切っている感覚（カッターの刃が異なる材料をカットしている感覚の違い）を手で認識しながら動かす。

金属製定規はステンレス製を使う！
（アルミ製のものは、部材を切りながら同時に定規も削ってしまう場合がある）

CHAPTER 1　基本の材料とテクニック

One Point

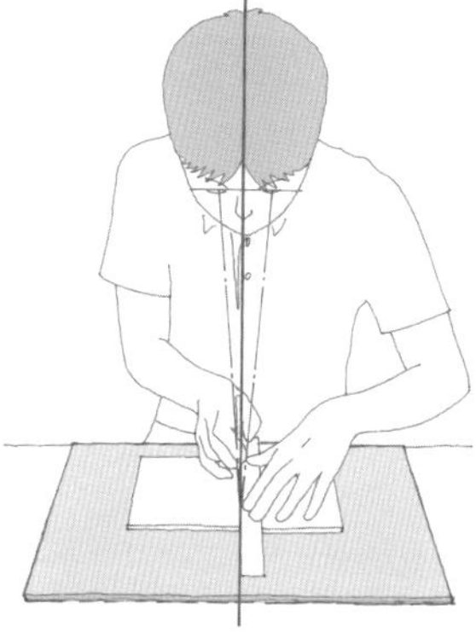

切るときのよい姿勢

材料に対して垂直・真上からカッターの刃が見える姿勢が望ましい。カッターを定規に沿わせながら、材料に対して垂直に立てていることを確認しながら、ブレないように注意しながらまっすぐ手前に引くように動かす。
また、大きな部材や長い部材などを切るときは、イスから立ちあがって高い視点からカッターが垂直に立っているかを確認しながら動かす。

垂直

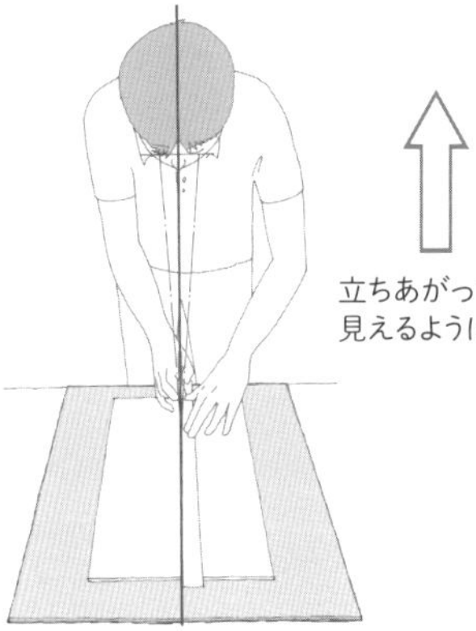

垂直

立ちあがって全体が見えるようにする

 COLUMN

「OLFA」は「折る刃」

くつの修理をするのに昔の職人は割ったガラスの破片を使っていた。
切れ味が悪くなると、その場でガラスを割って使いまわしていたという。
裁断作業はナイフやカミソリを使用していたが、ナイフは研がなければならないし、カミソリは角の2カ所しか使えない。
岡田工業（現オルファ）の創業者・岡田良男は、子供のころアメリカの進駐軍からもらった板チョコから、「ナイフやカミソリの刃を板チョコのように割れるようにできないか」とひらめき、現在のカッターの「刃を折って使う」という発想がうまれたそうだ。その後、岡田工業は世界的なメーカーへと成長していく。今やカッターの替え刃のサイズ、角度は世界標準になっている。

ガラスの破片　＋　板チョコ　＝　カッターナイフ

 型紙をつくる

部材の形を、直接、厚みのあるスチレンボードの上に描き込む作業は容易ではない。CADなどで作図した型紙をスチレンボードの上にはがせるのりやマスキングテープを貼って使う。上から型紙ごとカッターで部材を切りぬき、部材を切りぬいたら型紙をはがす。型紙はコピーなどで複製をつくることもできるので、切り出す作業でミスしても、描きなおす作業が発生しない。また、建築模型は複雑な形をつくることが多いので、まず、型紙で部材の組み立ての整合性を確認するのも重要である。用紙の上に効率よく並べると材料のむだもなくなる。

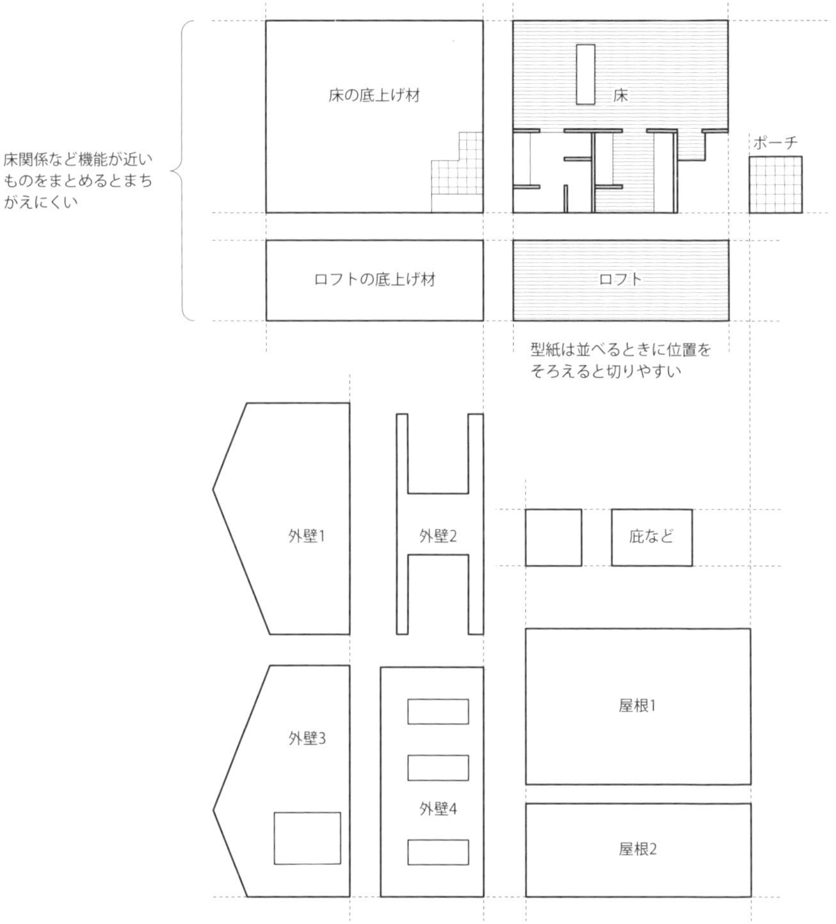

床関係など機能が近いものをまとめるとまちがえにくい

床の底上げ材　床　ポーチ

ロフトの底上げ材　ロフト

型紙は並べるときに位置をそろえると切りやすい

外壁1　外壁2　庇など

外壁3　屋根1

外壁4　屋根2

型紙はシンプルな単線で描く。整然と並べ、GL※を合わせることで、切りぬく効率もよくなる。また、レイアウトすると部材が多くなっても、どの部材か認識しやすくなる。
※ GL：グラウンドライン

CHAPTER 1　基本の材料とテクニック

● **スプレーのりを使う**

スプレーのりの場合は、接着力の弱いのりを使う。スプレーのりの場合は均等にのりがつかないと型紙をはがすときに部材を汚したり、表面の上質紙をはがしたりするので注意が必要である。

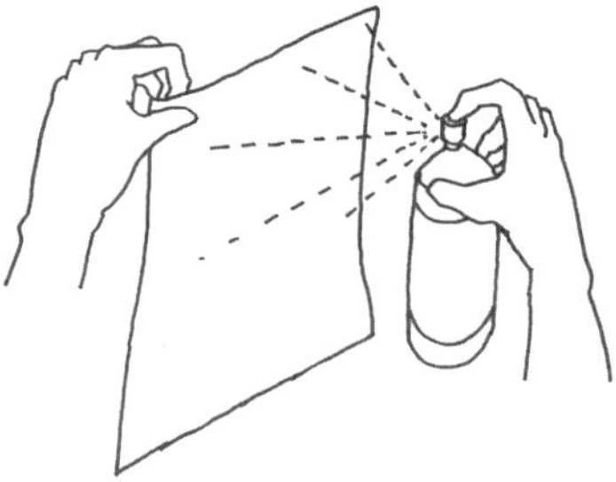

①型紙の裏面にスプレーのりを吹きつける。のりは、ついているかいないかくらいの微妙な量がベスト。

②スチレンボードなどの材料に型紙を貼る。

のりの跡がベタつくように残ったら吹きつけすぎ

④最後に型紙をはがす。　③型紙どおりに部材を切りぬく。

● **マスキングテープを使う**

マスキングテープの場合は、部材の切り出しをしているときに型紙がばらばらになる可能性が高い。材料から型紙が離れないように、マスキングテープを追加貼りしながら切る。スプレーのりとちがって、材料と型紙が離れないようにさえ注意すれば、部材を汚さずつくることができる。個人的にはこちらのやり方を多用しておりおすすめする。

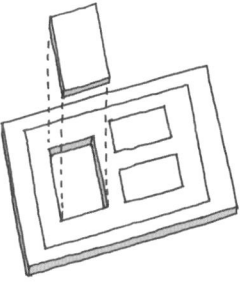

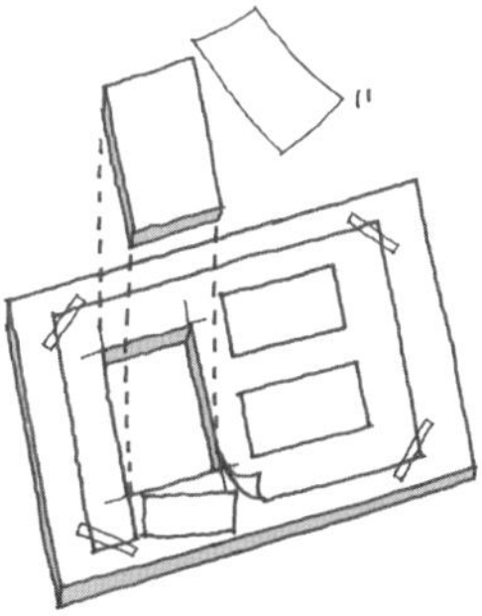

①部材を切りぬくと型紙の一部が離れてしまう。

②材料と型紙が離れないようにマスキングテープを追加貼りしながら切る。

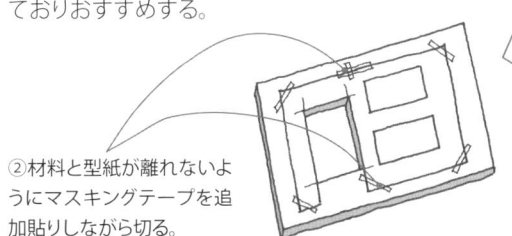

17

部材のきれいな切り方

● **部材は材料をハンドリングしやすい大きさにしてから切る**

スチレンボードなどの大きな材料は、先にとり扱いしやすい大きさに切ってから、部材の切り出しを行う。大きなままだと、広い作業面が必要になること、つくった部材を傷つけてしまうなど、作業周辺にも気をつかわなければならなくなる。

大きい材料のままでは作業がしにくい。

小さくした材料だととり扱いが楽なので作業効率があがる。

ONE POINT

まわりの部材は最後まではずさない!

特別な加工を考えている場合以外、部材の保護と、定規の安定と脱落防止のためにすべての切り出しが終わるまで、外周部のいらない材料はとりはずさないようにする。

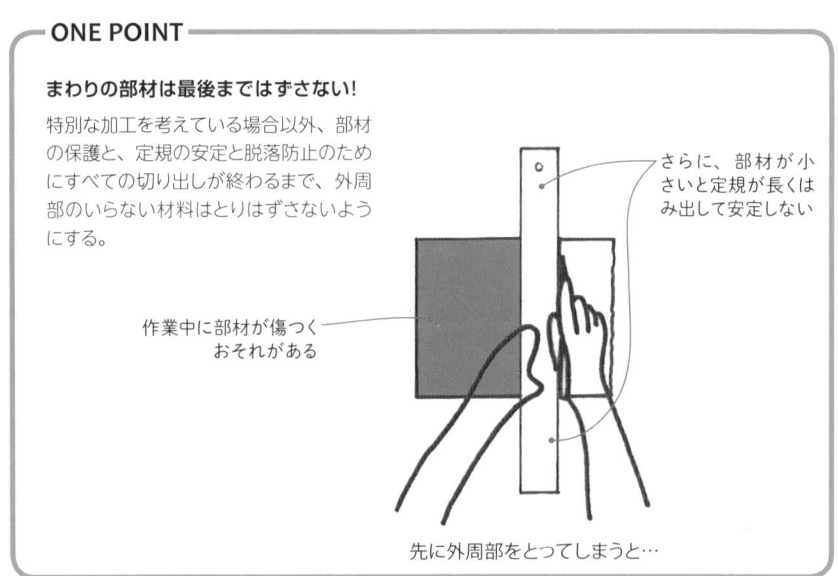

作業中に部材が傷つくおそれがある

さらに、部材が小さいと定規が長くはみ出して安定しない

先に外周部をとってしまうと…

CHAPTER 1　基本の材料とテクニック

● 切る部材側に定規をのせる

ある程度とり扱いしやすい大きさにボードなどを切ったら、そこから部材を切り出す。

①ボードなどの材料に型紙をのせて、マスキングテープなどでしっかり固定する。

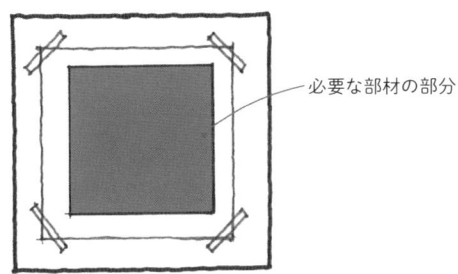

②図のように「使う部材となる側」に定規をのせてしっかり押さえながら切ると、カッターをいれたときの圧力で必要な部材側の材料がへこむことを防げ、切断面がきれいに仕上がる。
複雑な形状の部材を切るときやこの方法でできない部分も出てくる場合もある。角をしっかりとシャープに見せたい部分を優先するなど、そのときどきに応じ臨機応変に対処する。

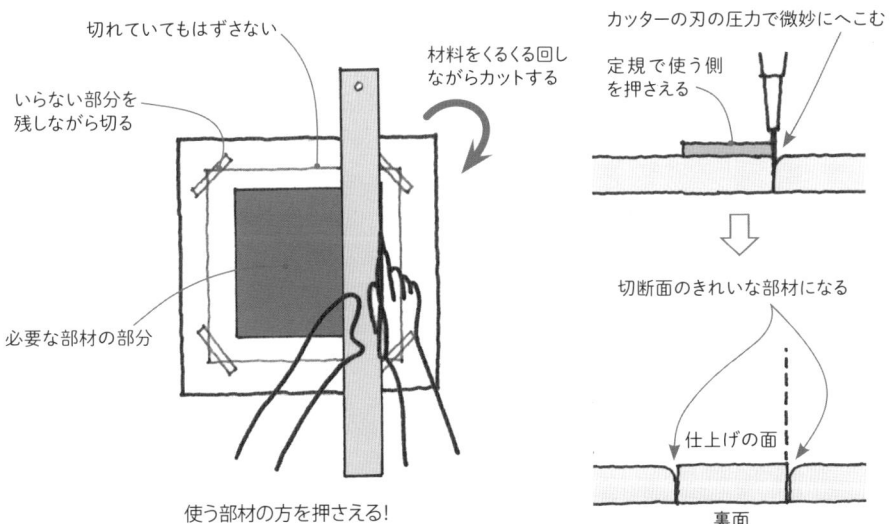

基準のカットラインをつくる

前項目の補足であるが、精度の高い部材をつくるには、市販されている材料の端部（外周部分）をそのまま部材として使わないこと。流通時に、ゆがんだり、変形や傷がついてしまっていることを前提に考えた方がよい。

材料を購入する際は、反りやゆがみ、折れ、傷などがなるべく少ないものを選び、購入後も、モノを上にのせないように、ゆがみが出ないようにきれいに立てておくなど保管状態にも気をつける。

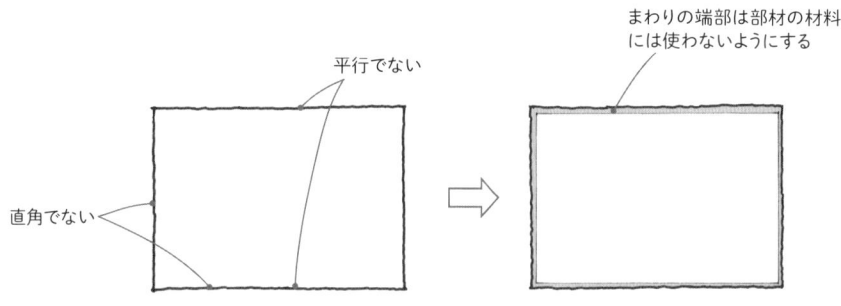

市販材料の端部の精度を信用しないこと！

● 材料から直接部材を切り出すときは基準のカットラインをつくる

型紙を使わず、部材を切り出す場合は、部材よりもひと回り大きな材料を切り出し、下図のように材料の1辺をまず切り、基準のカットラインをつくる。そのカットラインを基準にスコヤを用いて使う部材を切り出せば、直角をつくることができる。そこから、さらに必要な部材を切り出す。

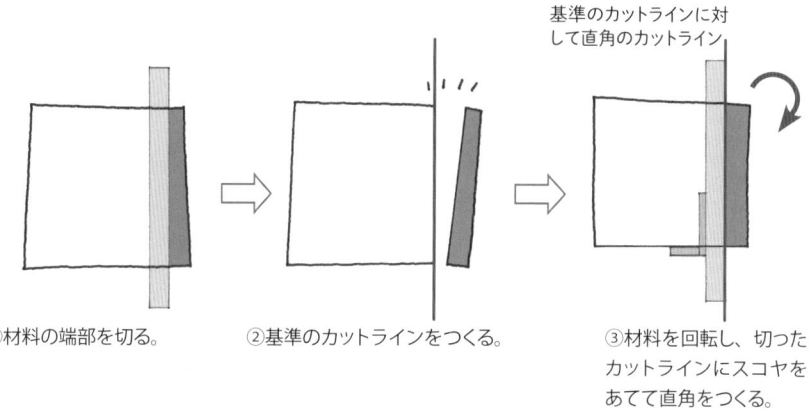

①材料の端部を切る。　②基準のカットラインをつくる。　③材料を回転し、切ったカットラインにスコヤをあてて直角をつくる。

7 フリーハンドで切る

円や波形など、定規を使わずフリーハンドでカッターを動かすことがある。
正直、難しい作業であり、場数を踏まなければ、なかなかうまくならない技術である。
まず、CADで描いてプリントアウトした型紙を使う（コンパスで描いたものでもかまわない。いずれにしてもガイドとなる線がないと、切るのが難しい）。材料はとり扱いしやすい大きさにして型紙を貼る。
型紙に描かれた曲線のガイドラインにカッターの刃を垂直に差し込み、部材をゆっくりと回しながら切りぬく。

● 円形を切りぬく場合

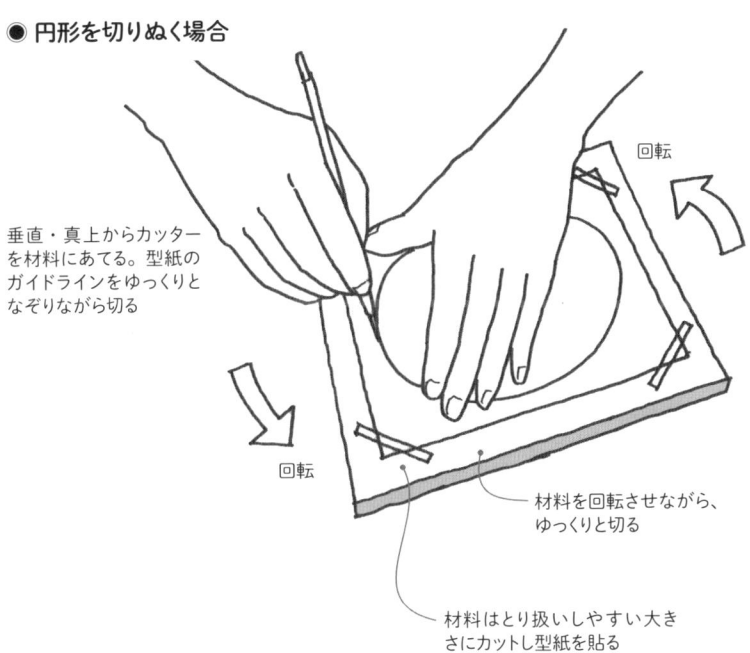

● 波形にカットする場合

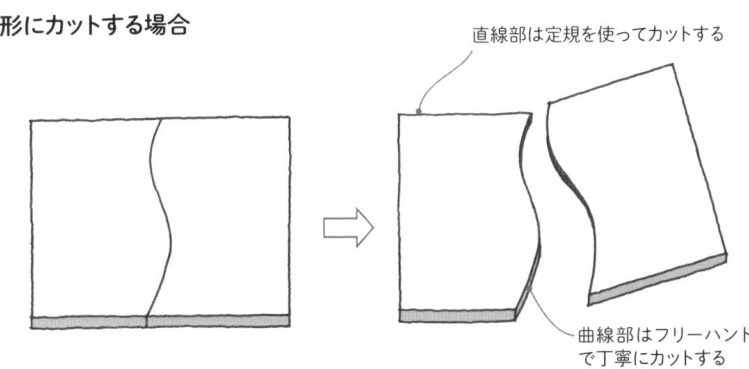

8 接着剤の塗り方

模型に使用する接着剤の種類には、スチレンボード専用接着剤（光栄堂「スチのり」など）や木工用ボンド、両面テープなどがある。どの部分に何を使うかは適性によるが、自分が使いやすいと感じるものを選択する。個人的には木工用ボンドを多用している。

● ヘラを使い塗る　　　　　　● 接着剤のボトルから直接塗る

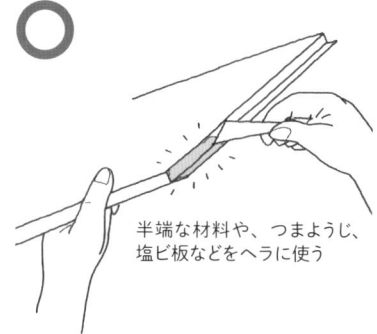
半端な材料や、つまようじ、塩ビ板などをヘラに使う

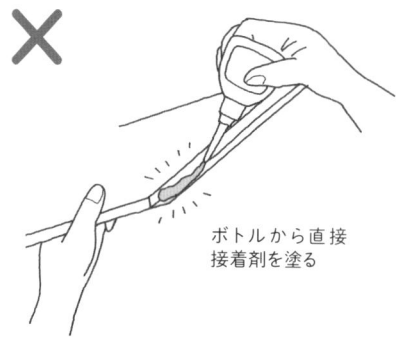
ボトルから直接接着剤を塗る

接着剤のボトルから直接塗る方法。扱いにくいのと、均一に接着剤を塗るのが難しく余分な接着剤をとりのぞかなくてはならない。

one point

接着剤をよい状態に保つちょっとした習慣

① 接着剤は、半端な材料の上に、小分けに出してから使う。いったん出してから使うことでボトルの中の接着剤もよい状態に保つことができる。
またヘラを使うと貼りつけ面に均一に近く接着剤を塗ることができる。ヘラは半端な材料や、つまようじ、塩ビ板などを使うとよい。

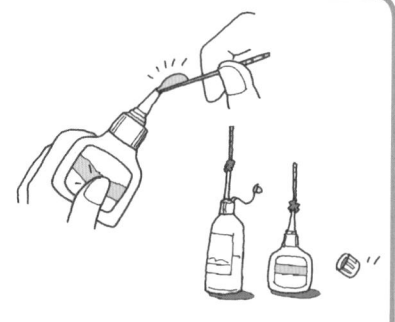

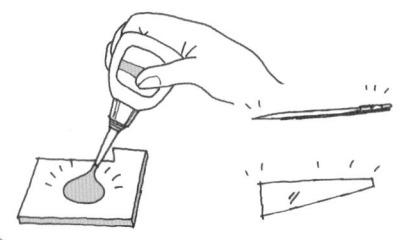

② ボトルの口につまようじなどをつっ込んだままにしていたりしないだろうか。少し時間をおくとボンドを出す口の部分がカピカピに固まってしまい、次に使うときに苦労する。同時に、ボトルの中の接着剤の状態も悪くなってしまう。

# 両面テープを活用する

両面テープには、さまざまな幅の製品があるので、用途によって使い分ける。
5 mm、15 mm、50 mm、大判の 300 mmなどを主に使う。

● 仮どめに使う

5 mm程度の長さに切って点づけする。粘着力が残っているあいだは部材のとりはずしができるので、部材同士の仮どめや、スタディ模型をつくるときにこの方法を用いる。

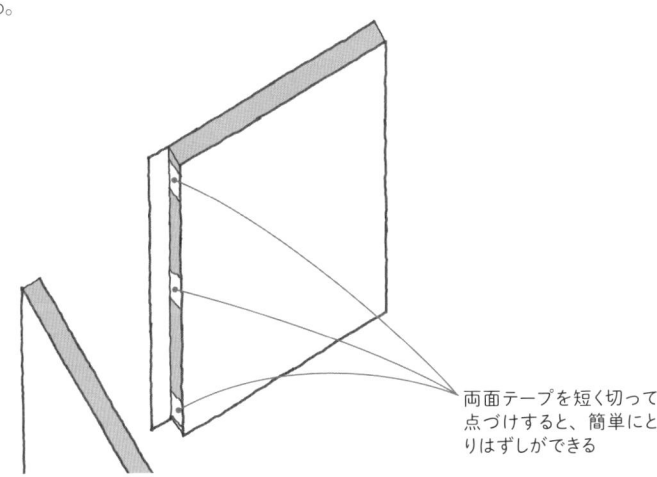

両面テープを短く切って点づけすると、簡単にとりはずしができる

● 広い面積をとめる

色紙など広い面積のものを貼るときや長期の保存が必要な模型にも、両面テープは役立つ。ちなみに、スプレーのりも広い面積の接着はできるが、均一に吹きつけることが難しく、長期間保存しているあいだに湿度の影響などで徐々にはがれてしまう（細かいところに使う色紙などはスプレーのりでOK）。

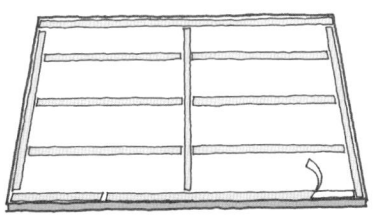

スチレンボードなどの厚さのある部材同士を接着するときは両面テープを格子状に貼る。

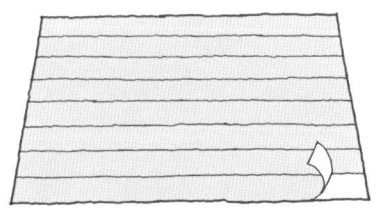

色紙を全面に接着するなど広い面積で使用するときは、両面テープを全面に配置してから部材に貼る。

10 スプレーブースをつくる

スプレーのりは、ある程度均一に薄くのりが塗れ、はがしたりもできる便利な材料であるが、まわりのものが汚れやすいのが欠点だ。スプレーのりを使うときに、あると便利なスプレーブースのつくり方を紹介する。市販されているものもあるが、A1サイズの板状の段ボールを使い、簡単に安くつくることができる。

A3サイズぐらいの部材にも使える簡単なスプレーブース。模型部材を置くためにコピー用紙をジャバラ状に折り曲げてブース内に置いてみた。

スプレーのりには、いろいろなタイプが市販されている。

一時接着タイプ
再接着が可能で、使いやすいが、長期間保存の必要な模型には向かない。

強力接着タイプ
長期間保存の必要な模型には向くが、素早く強力な接着力のため、貼りつけ作業を失敗できない。慣れていないととり扱いが難しい。

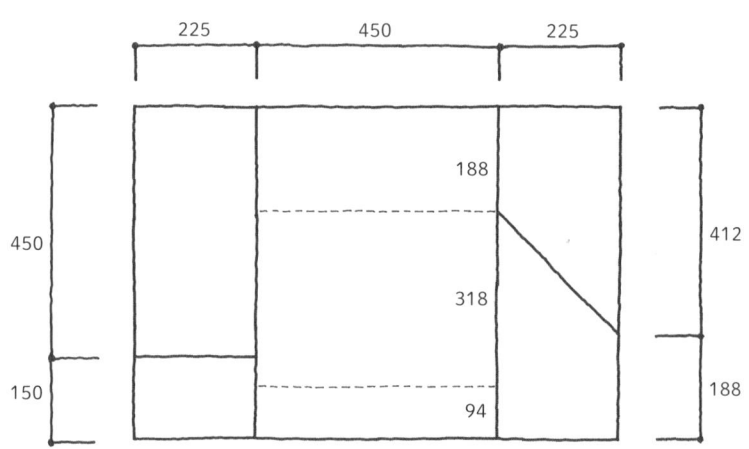

A1サイズの板状の段ボール（900×600）の寸法どりの例

CHAPTER 1　基本の材料とテクニック

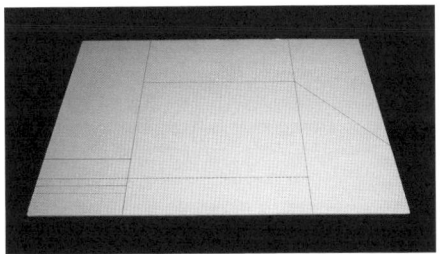

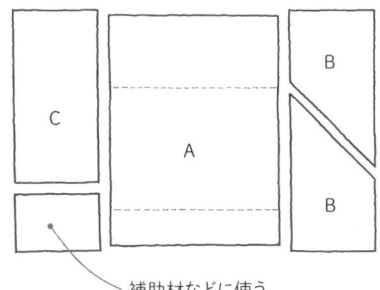

補助材などに使う

● 5つの部材に切りぬく。Aパーツの点線部は切りとらず、折れるように薄く切り込みをいれる。

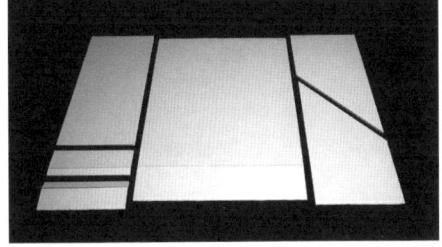

①板状の段ボールにカットラインを描き、カットする。

内部に金網などを置くための補助材をつける

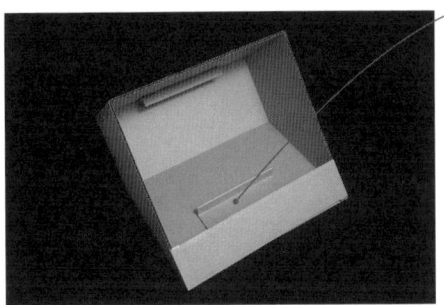

②布のガムテープを用いて各部材を貼り合わせる。

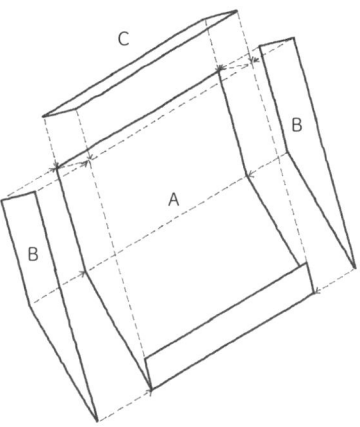

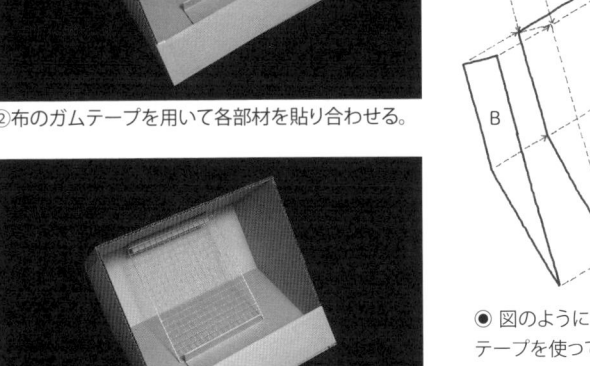

③部材を置くところは、100円ショップで売っているような金網を使ってもよい。

● 図のように各部材を組み合わせ、ガムテープを使って貼りつける。

※ブースは部材の背後の空間はカバーするが完全ではないので、ブースのまわりにビニールをつけると、スプレーのりの散布が少しだが抑えられる。

25

小口を見せない「1枚残し」

建築模型をつくる前に、まず基本形であるL形の模型をつくってみる。
スチレンボードには厚みがあるので、そのまま接着すると小口（カットした切断面）が見えてしまい美しくない。壁同士の角の部分や、床と壁とのとりあい、屋根の頂点など、建築模型には数限りなく、こうした角度をもった接合部が出てくる。部材同士の小口を見せず、きれいに直角に接着することが大切である。

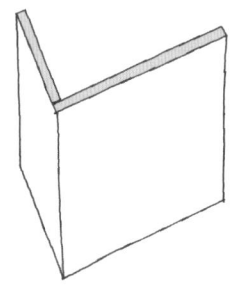

きれいな角部分をつくる。

小口の見えない接合部

スチレンボードの小口が見えると美しくない。

切った部材同士を、きれいに直角（90度）に接着する一般的な加工の仕方は、①ひとつの部材の端部を、上質紙1枚残すように加工し、接着する方法（以下「1枚残し」）、②端部を45度に加工し部材同士を接着する方法、の2つがある。まずは、比較的簡単な「1枚残し」の加工の仕方を紹介する。

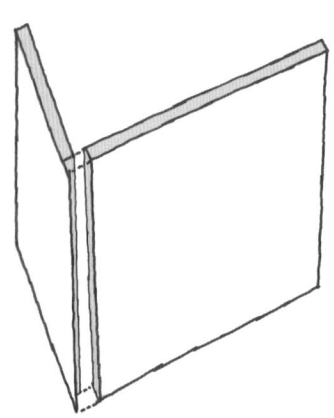

①ひとつの部材の端部を上質紙1枚残して加工し接着する方法（1枚残し）。

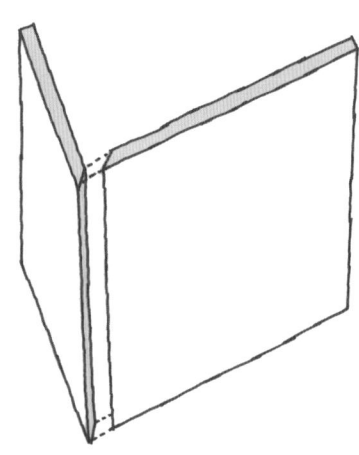

②端部を45度に加工した部材同士を接着する方法。

26

● 1枚残しのやり方

スチレンボードは発泡スチロールボードを上質紙でサンドイッチしたものである。1枚残しはカッターで上の上質紙と発泡スチロールボードだけを切って、下の上質紙を1枚だけ残す方法だ。

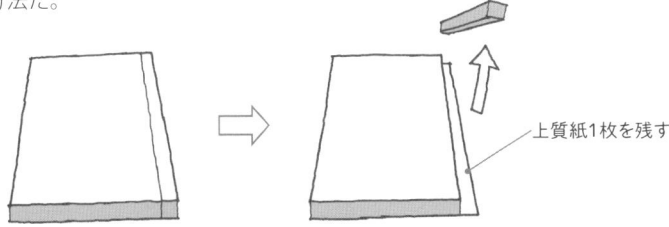

上質紙1枚を残す

イメージとしてはこんな感じだが、実は、この図のように簡単にはとれない！

①貼り合わせる壁と同じ幅の切り込みをいれる。下側の紙1枚を残すように丁寧に切る。

②左記①で入れた切り込みに直角になるよう、残した上質紙とスチレンボードの境界から水平にカッターをいれる。残った端材を丁寧にとりはずす。

③残った発泡スチロールボードをカッターや金属製定規などを使いそぎ落とす。この時に残した上質紙を傷つけないように丁寧に作業する。

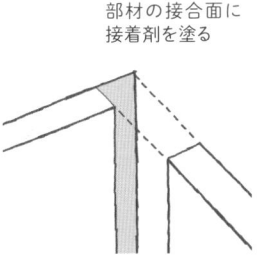
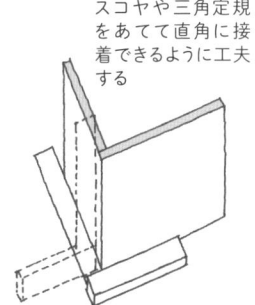

部材の接合面に接着剤を塗る

スコヤや三角定規をあてて直角に接着できるように工夫する

④1枚残しの完成。

⑤加工した接合部分に接着剤を塗り、曲がらないように注意して直角に接着する。

12 鋭角をつくる

直角以外の角度をもった壁面の端部や、屋根の棟をつくるとき、部材の小口を斜めに切る方法が必要になる。これができればどのような角度にも対応できる。

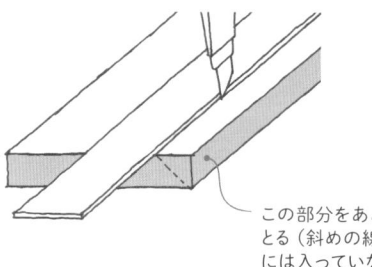

この部分をあとで切りとる（斜めの線は実際には入っていない）

①カッターで必要な角度になる位置に切り込みのラインをいれる。この時、上の紙だけに切り込みをいれる。

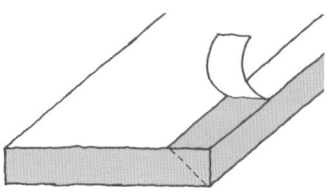

②切り込みラインをいれた上の紙をはがして逆さまにする。

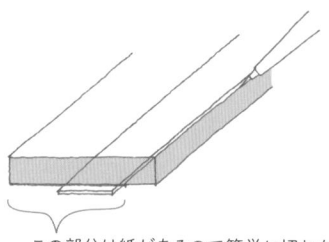

この部分は紙があるので簡単に切れない

③部材の端部から、①で切った切り込みのラインを目指してカッターに斜めの角度をつけて切りとる。

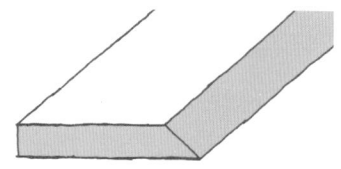

④再び逆さまにして切り口の状態を確認する。きれいに平行に切りとることは難しいので、やすりなどを用いて調整する。

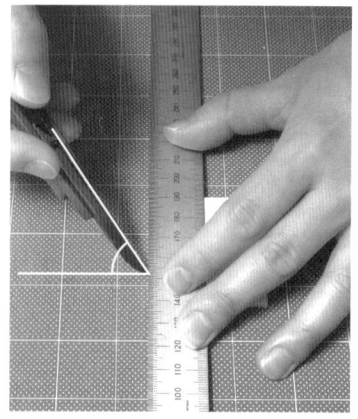

裏から見るとこんな感じ（説明的に見せているのでまねをしないこと！）

③の、切りとっているときの写真。カッターを斜めにするのがポイント。下側の残った紙の部分の抵抗で、やわらかいスチレンの部分だけがうまく切りとれる。

28

CHAPTER 1　基本の材料とテクニック

● 屋根の頂部など鋭角や緩い角度をつけたい場合

角度をつける接着は、鋭角の場合は特に難しい。切妻屋根、寄棟屋根などの屋根をつくるときに、スチレンボードの端部に角度をつけなくてもよい方法を解説しよう。

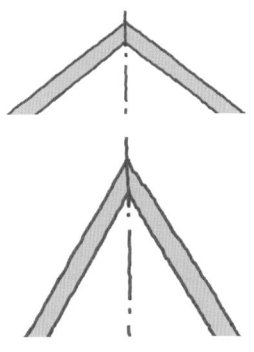

急な屋根勾配は端部に角度をつける加工が難しい。

屋根の色はイメージに合わせて色紙を貼るとよい。

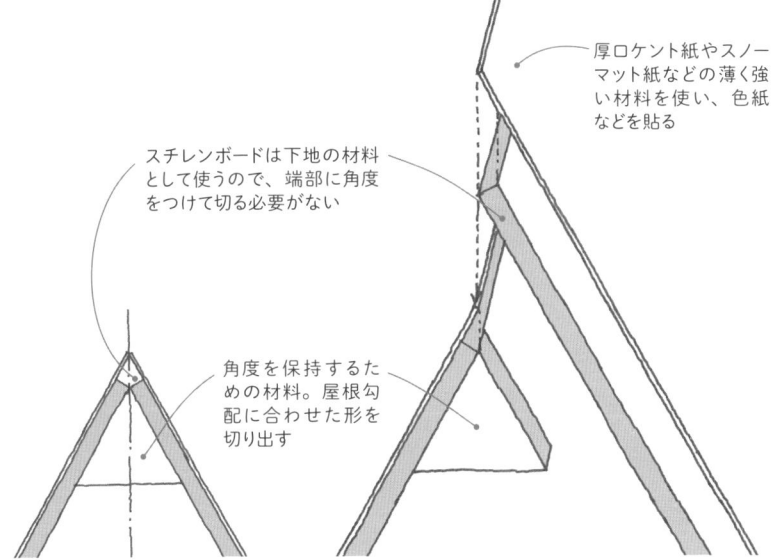

スチレンボード2枚を希望の角度に固定し、上から色紙を貼る。スチレンボードの端部を斜めにカットしなくてよい簡易な方法である。屋根の仕上げ材のイメージに合わせ、色紙などを貼るとよりグレードの高い模型となる。この時、壁面と屋根を異なる材料で仕上げても、違和感はない。

13 立方体をつくる

立体模型の基本は、サイコロ形状の立方体だ。
立方体は面が6面あるので、同じ大きさの正方形の部材が6個必要になる。

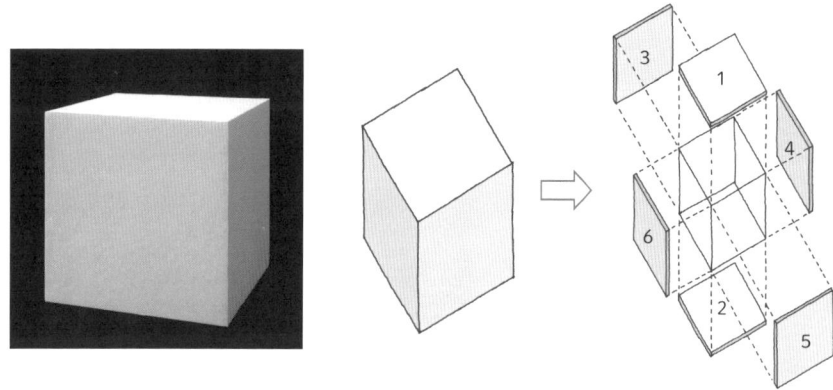

上右図はサイコロのような正立方体の面を展開したイメージ。スチレンボードで模型をつくるときは紙を折り曲げてつくるのではないので、6個の部材が必要になる。模型をつくるときは、立体がどのような部材で成り立っているのかを想像することと、組み立て方をイメージすることが大切だ。

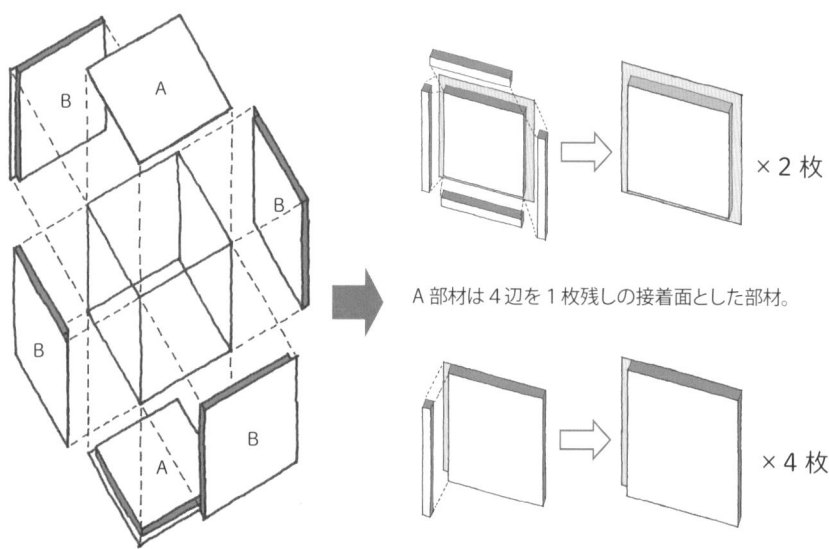

上図は6面ある部材を、AとBの2種類に分けている。どの部材にどのような接着面をつくるのかを考えることで作業の効率化を図る。

A部材は4辺を1枚残しの接着面とした部材。 ×2枚

B部材は1辺を1枚残しの接着面とした部材。 ×4枚

CHAPTER 1　基本の材料とテクニック

● つくり方の手順

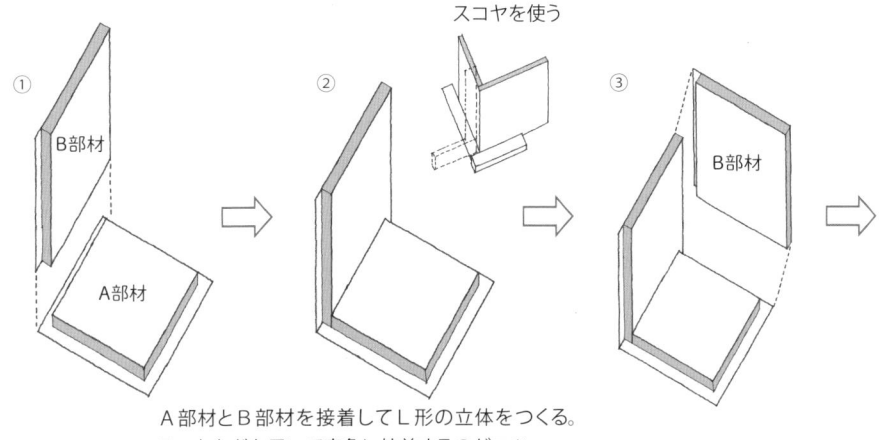

A部材とB部材を接着してL形の立体をつくる。
スコヤなどを用いて直角に接着するのがコツ。

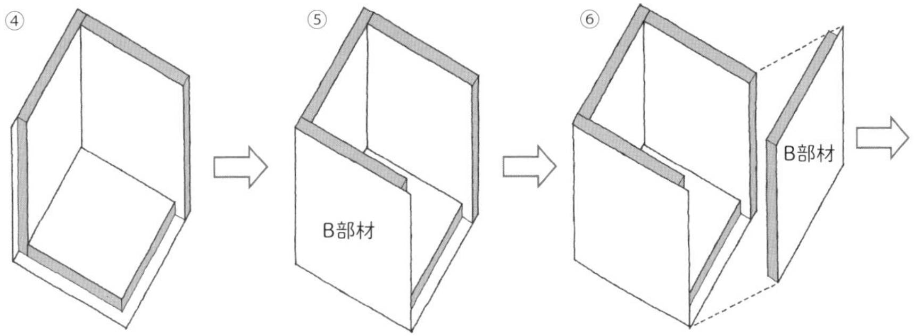

順番にB部材を接着して立体をつくっていく。

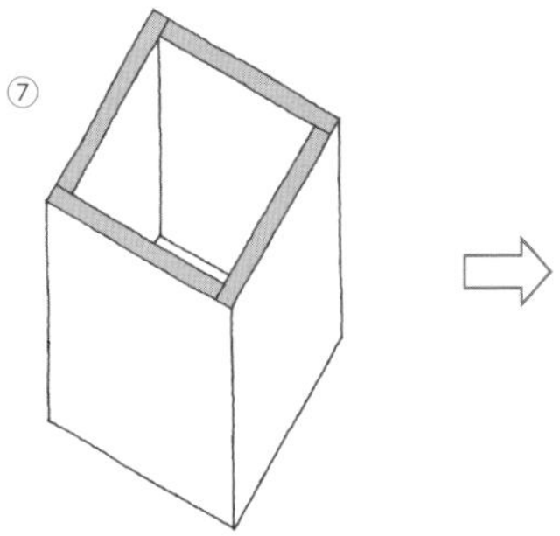

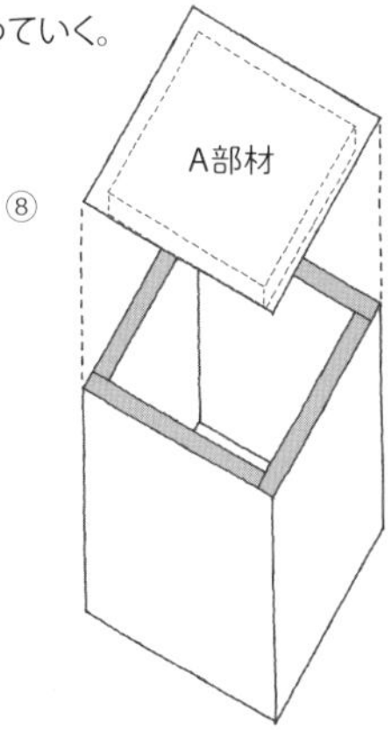

最後にA部材を接着して完成。

31

14 入隅のきれいな切り方

入隅とは、欠き込まれた角の部分や、壁の部材から切りぬいた窓（開口部）などの角の部分のこと。きれいに角が出るように切るには、カッターの動かし方にちょっとした工夫が必要になってくる。直線部を切りぬける切り方ではなく、必要な部分でとめるような切り方をする。

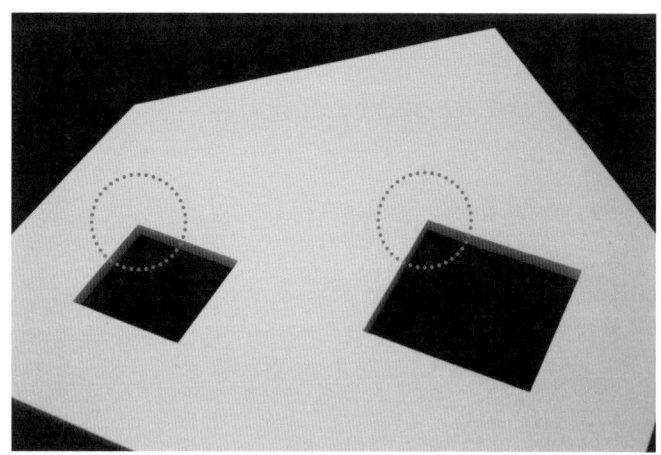

窓などの四角いくりぬきは、入隅部分がシャープでないと美しく見えない。

● カッターの動かし方のイメージ

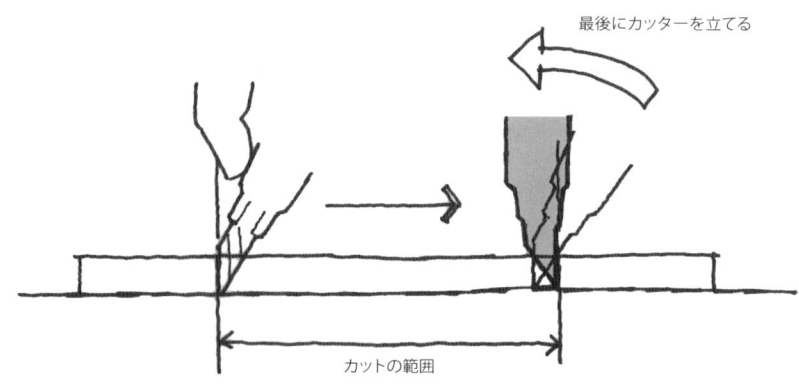

切りはじめは、そのまま図のように刃を部材にいれて、終点でカッターを立てるようなイメージで切りとめる。表面は少し切りすぎる感じになるかもしれないが、部材の裏面まできちんと切り込みが入ることが大切。

CHAPTER 1 基本の材料とテクニック

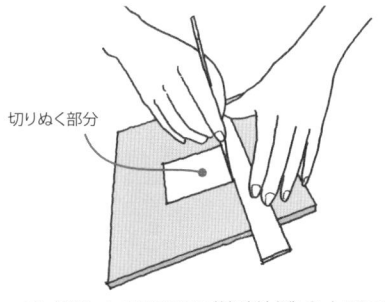
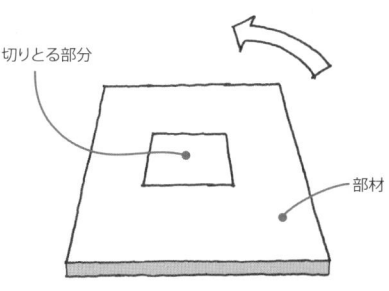

完成時によく見える面（外壁外側）を上面にしてカットする。カッターの切り込みをいれる表の方が裏面よりもきれいに見える。

部材を回転させて残す側の部材に定規をあて同じように切る。

● 入隅（角）をきれいに見せるコツ

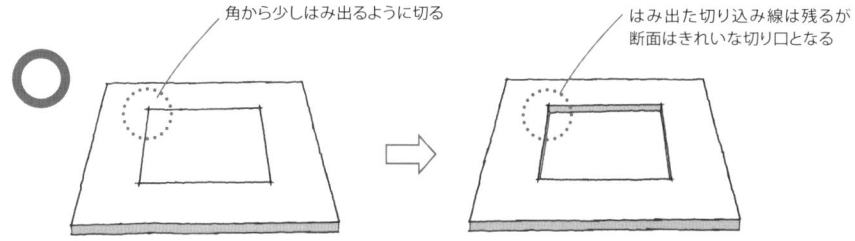

カットが足りずに切断面が汚くなるより、はみ出るくらいの勢いでカットするときれいな角部分となる（はみ出たカットラインはそんなに気にならない）。

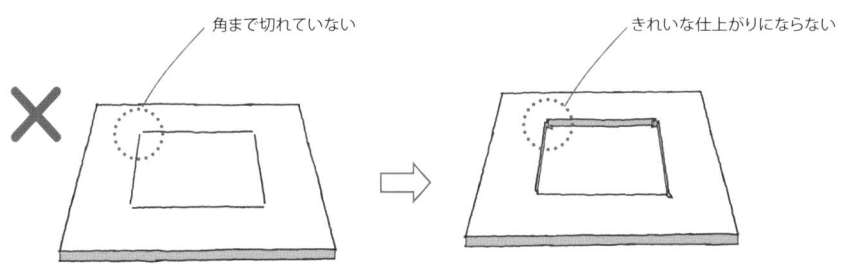

角部分まで切り込みが通っていないと当然ながら部材がぬけない。強引にとりはずそうとすると部材がちぎれるようにとれてしまい、きれいな切り口にならない。角部分に再度カットをいれてとりはずすか、裏面からも切り込みをいれてとりはずす。

15 立体フレームをつくる

ジャングルジムのようなフレーム状の模型をつくる。写真は棒材を組み合わせたように見えるが、実は右頁の図のように、「田の字」の部材を切り出して、立方体をつくる要領で組み立てている。「入隅」と接合部の「1枚残し」を使った組み合わせである。このように単純化する発想が模型づくりでは大切だ。

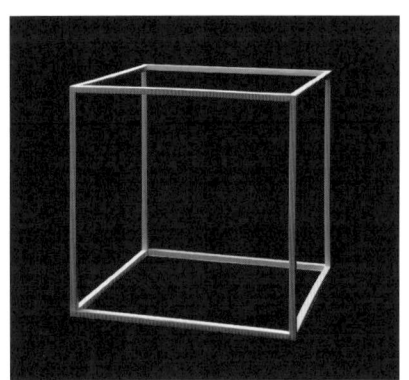

立体フレーム

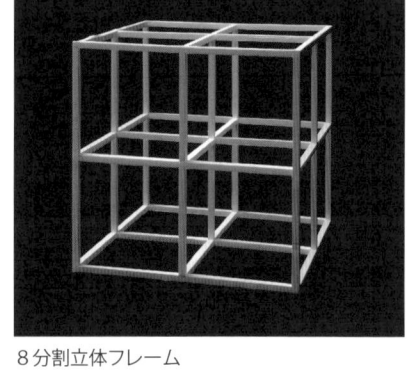

8分割立体フレーム

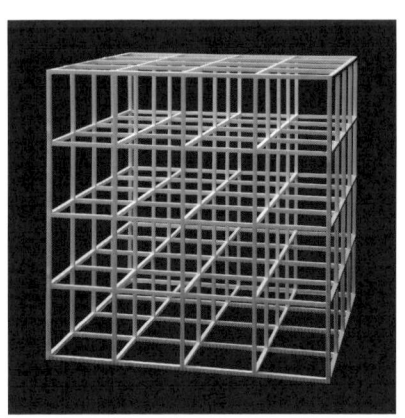

64分割立体フレーム

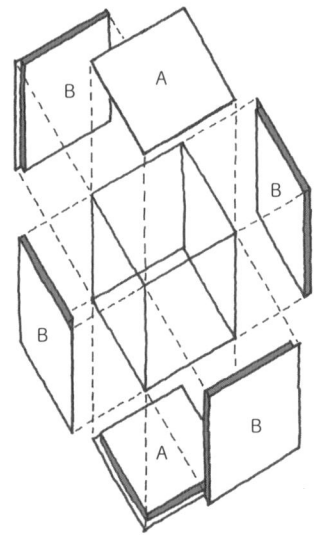

一見複雑に感じるこのような立体フレームも、基本的なやり方は「13 立方体をつくる」と同じである。部材の切り出しと接着に、ほんの少し手間がかかるが左の写真のような立体もつくれる。

34

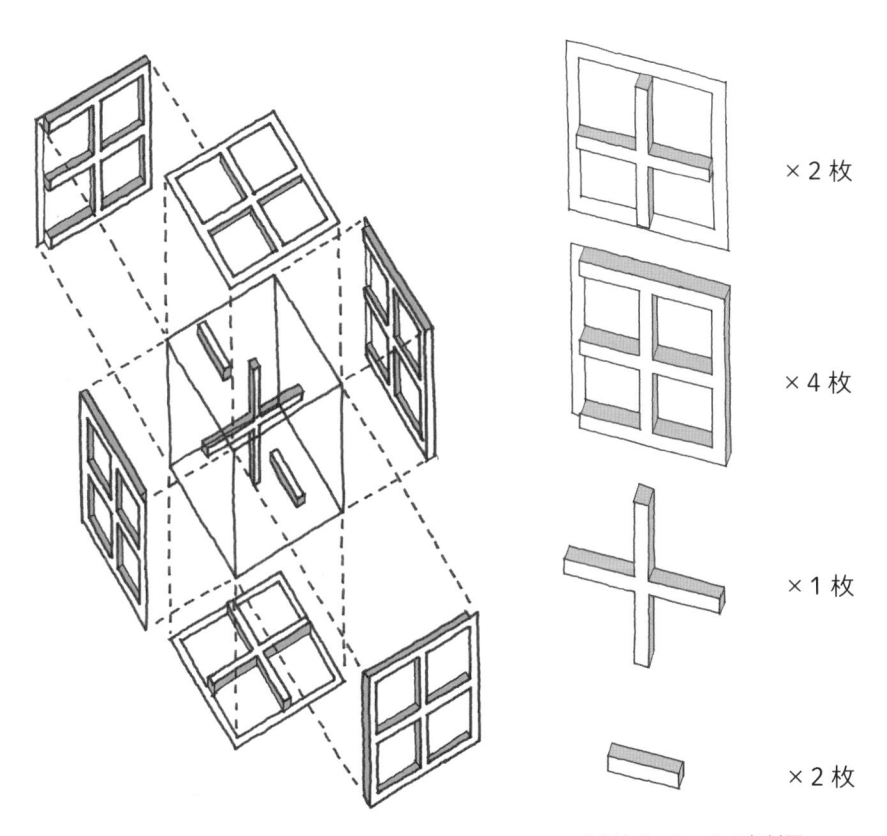

CHAPTER 1 基本の材料とテクニック

8分割立体フレームの分解図

8分割立体フレームの部材図

×2枚
×4枚
×1枚
×2枚

— one point —

切り方のポイント

フレーム材料をきれいに切りとるためには、外周部や開口部などの端材部分を最後まで残すこと。田の字フレーム内側にある4つの開口部を切りぬくとき、切りぬいた中のいらなくなった材料をぬきとらず、残したまま、次の外周部のカットを行う。中の部材を残すことで、刃をいれたときに、部材が内側にずれるのを防ぐことができ、きれいに田の字を切りぬくことができる。

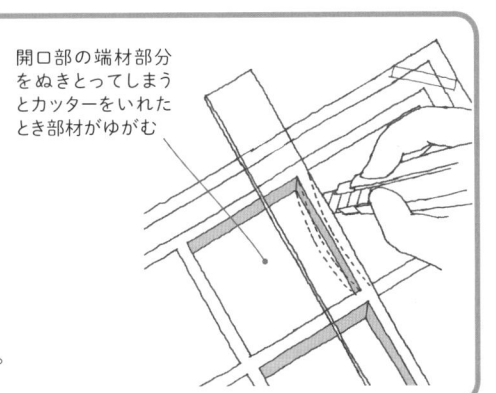

開口部の端材部分をぬきとってしまうとカッターをいれたとき部材がゆがむ

16 トラスをつくる

一見難しそうなトラスの模型だが、どのような部材からできているのか、どのように単純化すればよいのかを考えてみよう。複雑に見える立体トラスだが、実は3種類の部材しか使われていない。

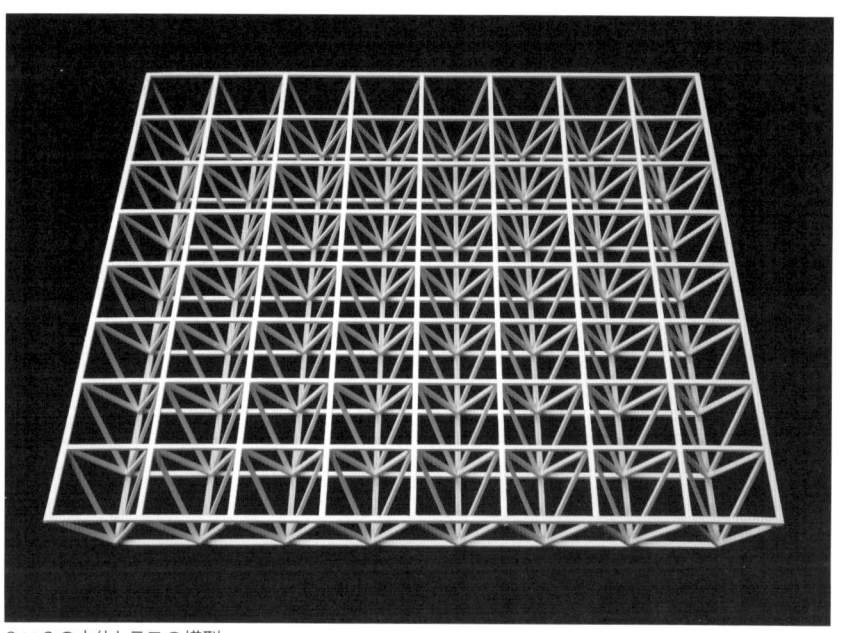

8×8の立体トラスの模型

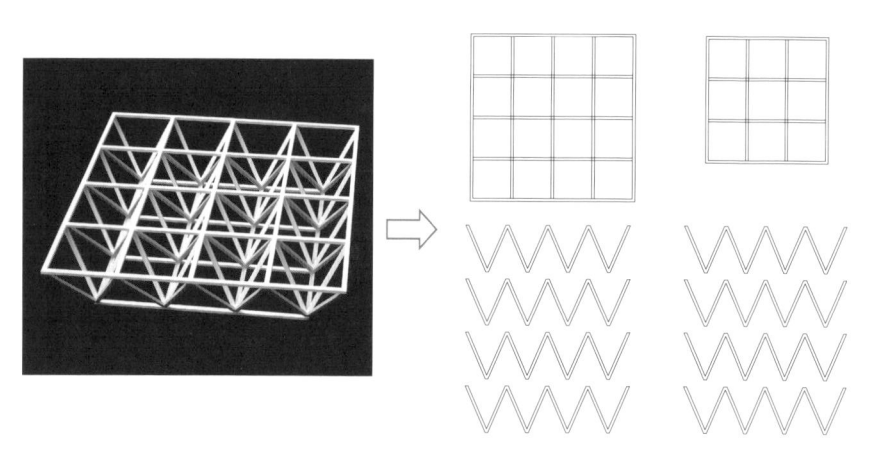

4×4の立体トラスの模型

4×4の立体トラスの型紙（部材は3種類）

36

CHAPTER 1　基本の材料とテクニック

● 組み立て方

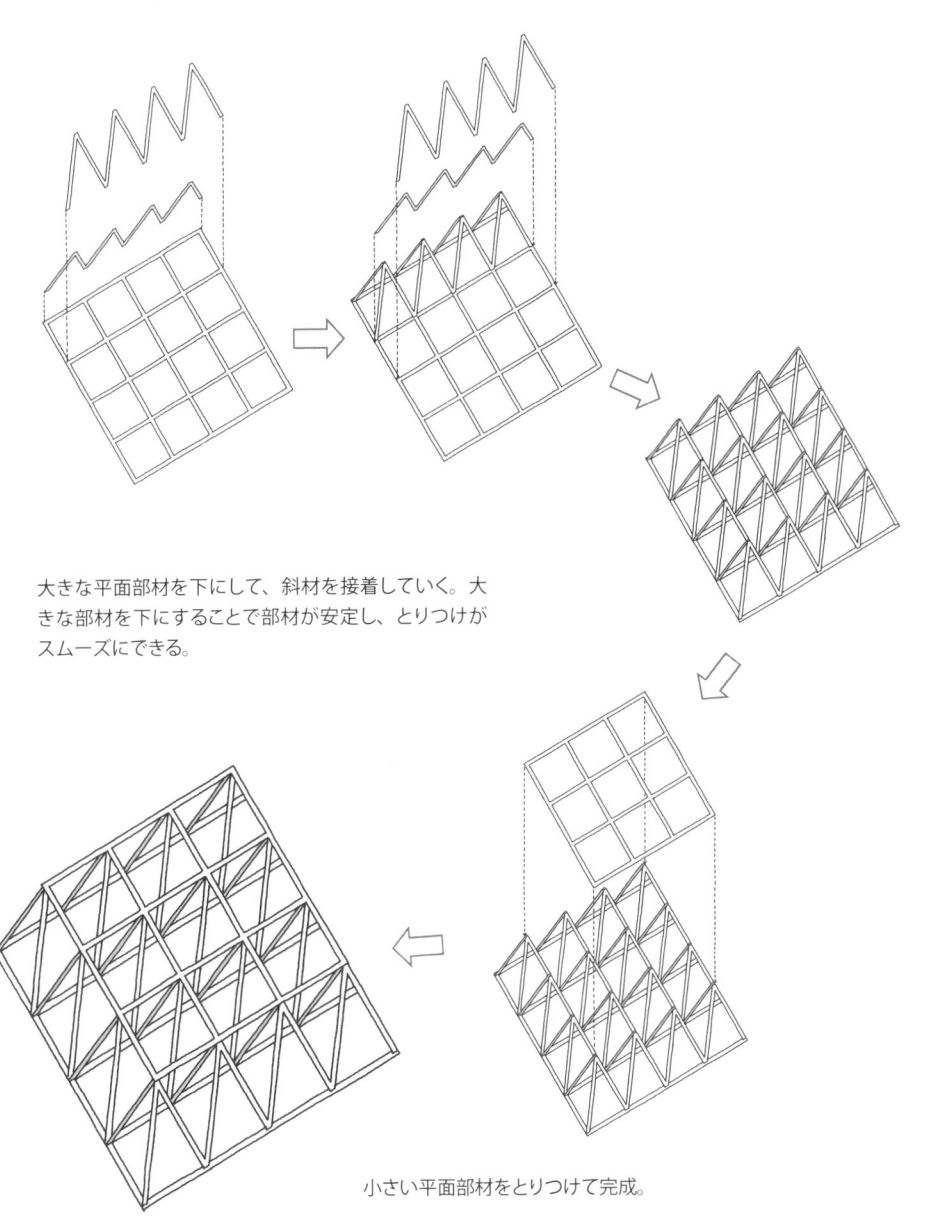

大きな平面部材を下にして、斜材を接着していく。大きな部材を下にすることで部材が安定し、とりつけがスムーズにできる。

小さい平面部材をとりつけて完成。

17 同じ長さ・幅の棒材をたくさん切る

柱などには、同じ長さの棒材をたくさん使用する。同じ長さ・幅の棒材を複数切り出す方法は2つある。ひとつは、必要な長さの帯状の部材を用意して、端から1本ずつ切り出す方法。もうひとつは、型紙をつくり、それを材料にとめて、型紙どおりに切りぬく方法である。

● 1本ずつ切り出す方法

①必要な長さの帯状の部材を用意する。

必要な長さ・幅の部材を1本ずつ切り出す

必要な幅

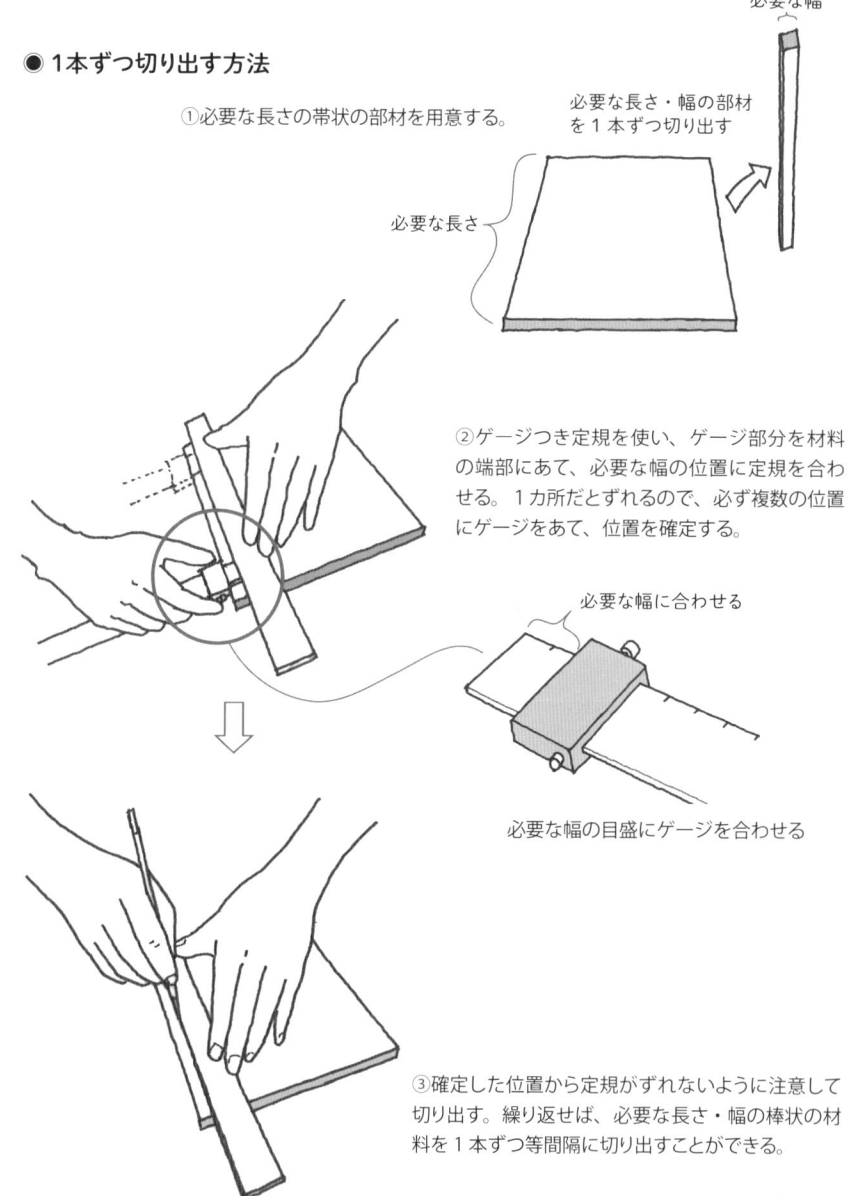

必要な長さ

②ゲージつき定規を使い、ゲージ部分を材料の端部にあて、必要な幅の位置に定規を合わせる。1カ所だとずれるので、必ず複数の位置にゲージをあて、位置を確定する。

必要な幅に合わせる

必要な幅の目盛にゲージを合わせる

③確定した位置から定規がずれないように注意して切り出す。繰り返せば、必要な長さ・幅の棒状の材料を1本ずつ等間隔に切り出すことができる。

38

CHAPTER 1　基本の材料とテクニック

● 型紙を使って部材を切り出す方法

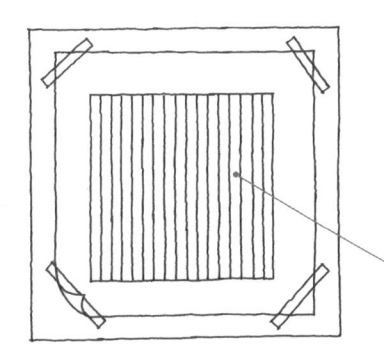

①型紙をつくって部材に貼る。4方向を型紙が動かないようにテープなどでとめる。型紙はプリンタなどで出力したものだと精度が高まる。もちろん手描きのものでもかまわない。

②まずは、縦のラインから切りはじめて、最後に外周をカットする。

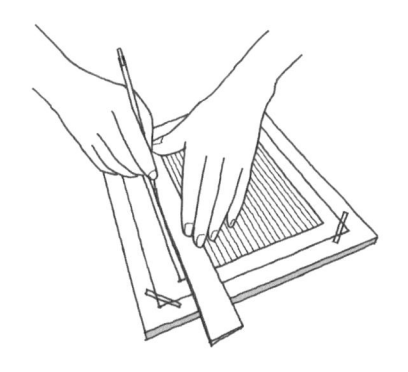

③縦のラインから切りはじめる。
カッターの刃がまっすぐに入るように注意しながら丁寧に切る。

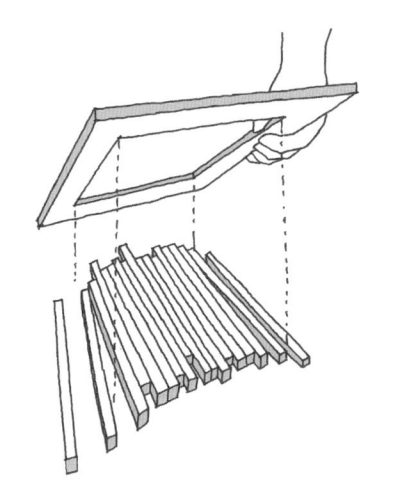

④外周のラインを切り終えた後、ぬきとるようにすると棒部材がきれいに切りとれる。
部材以外の余分な周辺部分を残しながらつくることで、部材の切断面などを傷めずきれいに早く切りぬくことができる。

18 曲面をつくる

住宅をはじめ建築には、時には曲面の壁や床、屋根などがつくられることもある。そのため、模型でも曲線の表現が必要になる。平板のスチレンボードを曲げて曲面をつくってみよう。

● **スチレンボードを使った自由な曲面のつくり方**

下側の紙を切らないように、上面から切り込みをいれ、切り込みの側が円弧の内側になるように曲げるとスチレンボードに曲面をつけることができる。

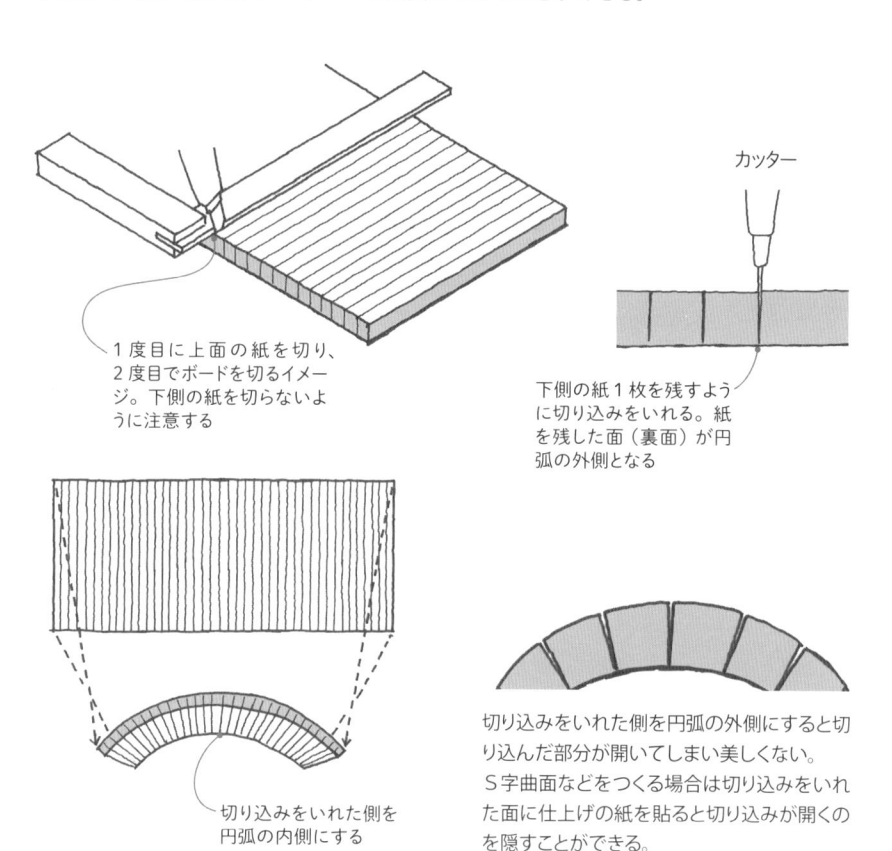

1度目に上面の紙を切り、2度目でボードを切るイメージ。下側の紙を切らないように注意する

カッター

下側の紙1枚を残すように切り込みをいれる。紙を残した面（裏面）が円弧の外側となる

切り込みをいれた側を円弧の内側にする

切り込みをいれた側を円弧の外側にすると切り込んだ部分が開いてしまい美しくない。
S字曲面などをつくる場合は切り込みをいれた面に仕上げの紙を貼ると切り込みが開くのを隠すことができる。

40

CHAPTER 1　基本の材料とテクニック

one point

切り込みをいれる間隔でカーブのきつさが変わる

切り込みのピッチを細かくいれると、カーブのきつい曲面ができる。きつい曲面をつくりたい場合は、切り込みをいれる側の紙をあらかじめはがす場合もある。

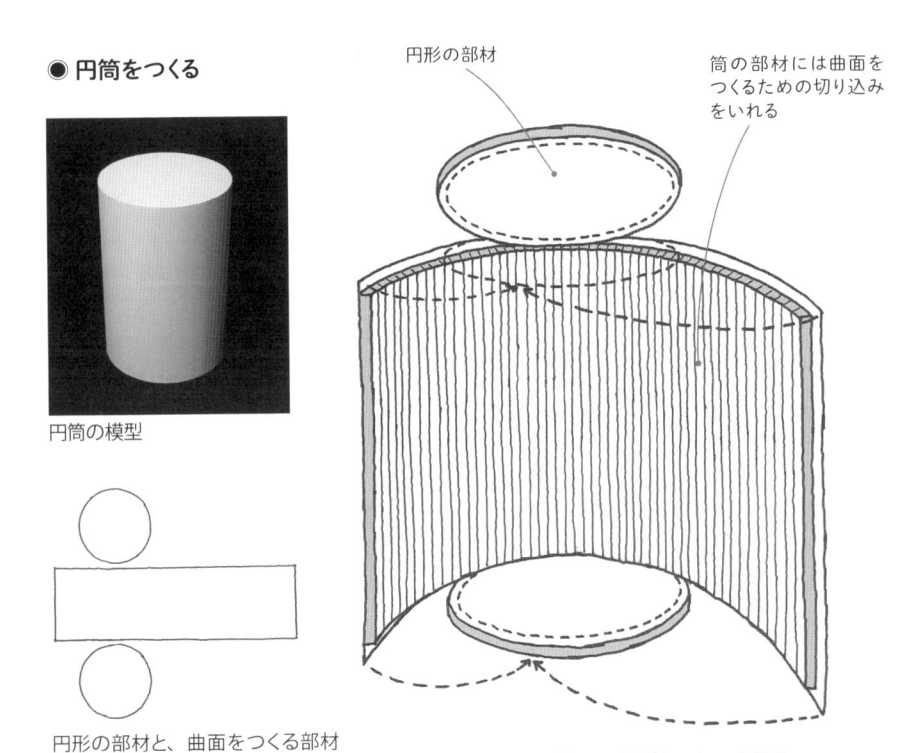

ゆるやかな曲面　　　　　きつい曲面

● 円筒をつくる

円筒の模型

円形の部材と、曲面をつくる部材で円筒をつくることができる。

円形の部材

筒の部材には曲面をつくるための切り込みをいれる

端は1枚残しの加工を行う

19 色紙を使う

ただの白模型では色気がなくつまらない。スタディ模型をつくるときでも、敷地と建物の床面には色紙を貼り表現する。それだけで模型の印象が変わるし、なにより模型が見やすく心に残るものとなる。自由に表現し、楽しみながらつくることが大切だ。

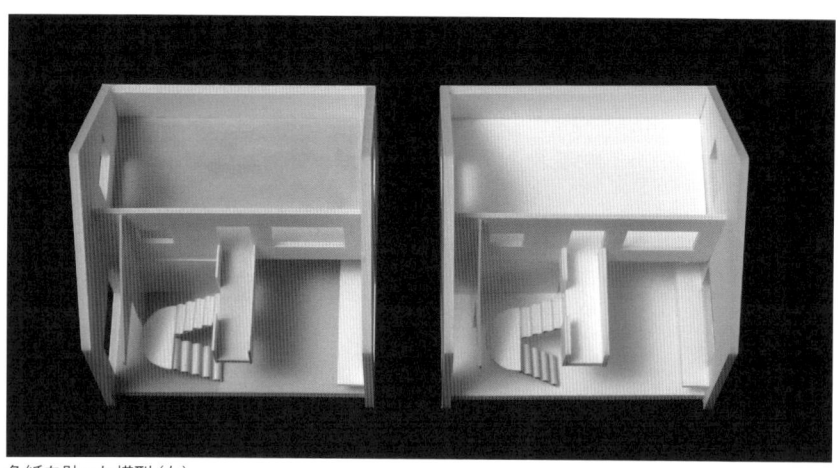

色紙を貼った模型（左）

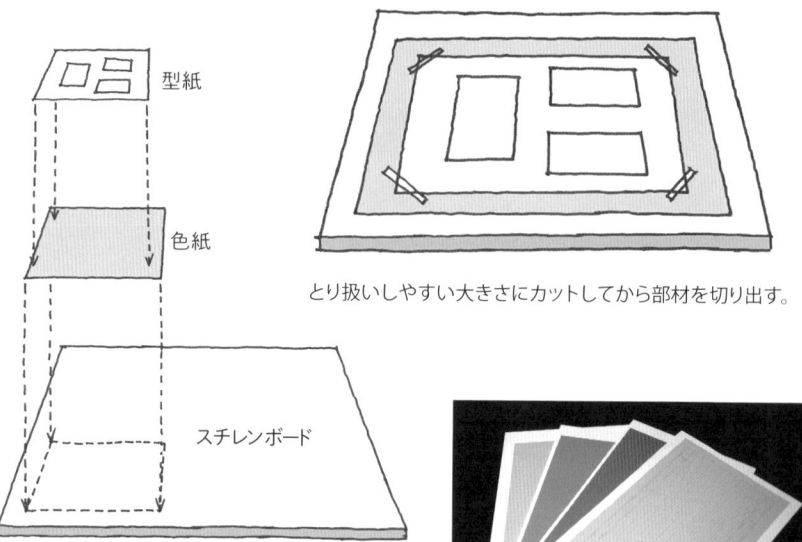

型紙

色紙

スチレンボード

とり扱いしやすい大きさにカットしてから部材を切り出す。

模型にきれいに色紙を貼る手順としては、色紙をスチレンボードに貼り、上から型紙を使って切りとる。スタディをしながらなど精度を気にしなければ、後から部分的に貼るのもOK。

さまざまな種類の色紙

CHAPTER 2

家をつくる

1	全体をイメージする	44
2	図面を用意する	50
3	図面から型紙をつくる	52
4	組み立てのポイント	50
5	つくり方の手順	52
6	敷地模型をつくる	54
7	建物本体をつくる	56
8	内部・家具をつくる	60
9	屋根をのせる	63
10	外構・添景をつくる	64
11	2階建ての住宅をつくる	66
12	分離ラインの位置でプレゼンが決まる	68

1 全体をイメージする

● 図面から立体を想像する

模型をつくるときは、基本図面（平面図・立面図・断面図）を用意する。
つくりはじめる前に、図面を見て、できあがりの形と必要な部材、そして製作の手順をイメージすることが大切である。平面図は床の部材になる。立面図は外壁の部材、配置図は敷地や屋根の部材となることがわかる。あとは、どのような手順でつくれば、きれいに、そして効率よくつくることができるのかを考えてみよう。

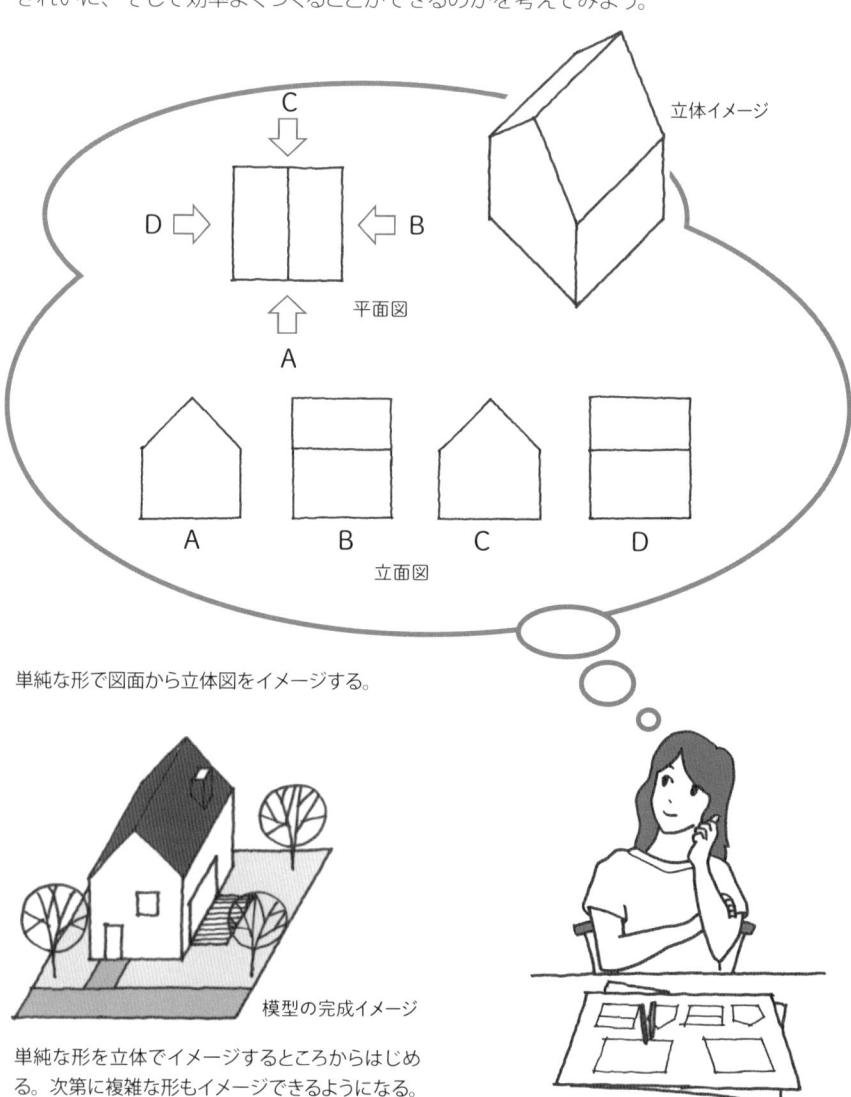

単純な形で図面から立体図をイメージする。

模型の完成イメージ

単純な形を立体でイメージするところからはじめる。次第に複雑な形もイメージできるようになる。

CHAPTER 2　家をつくる

● **立体から部材へ、部材から立体への流れ**
以下のように、立体がどのような部材でできているのかをイメージしよう。

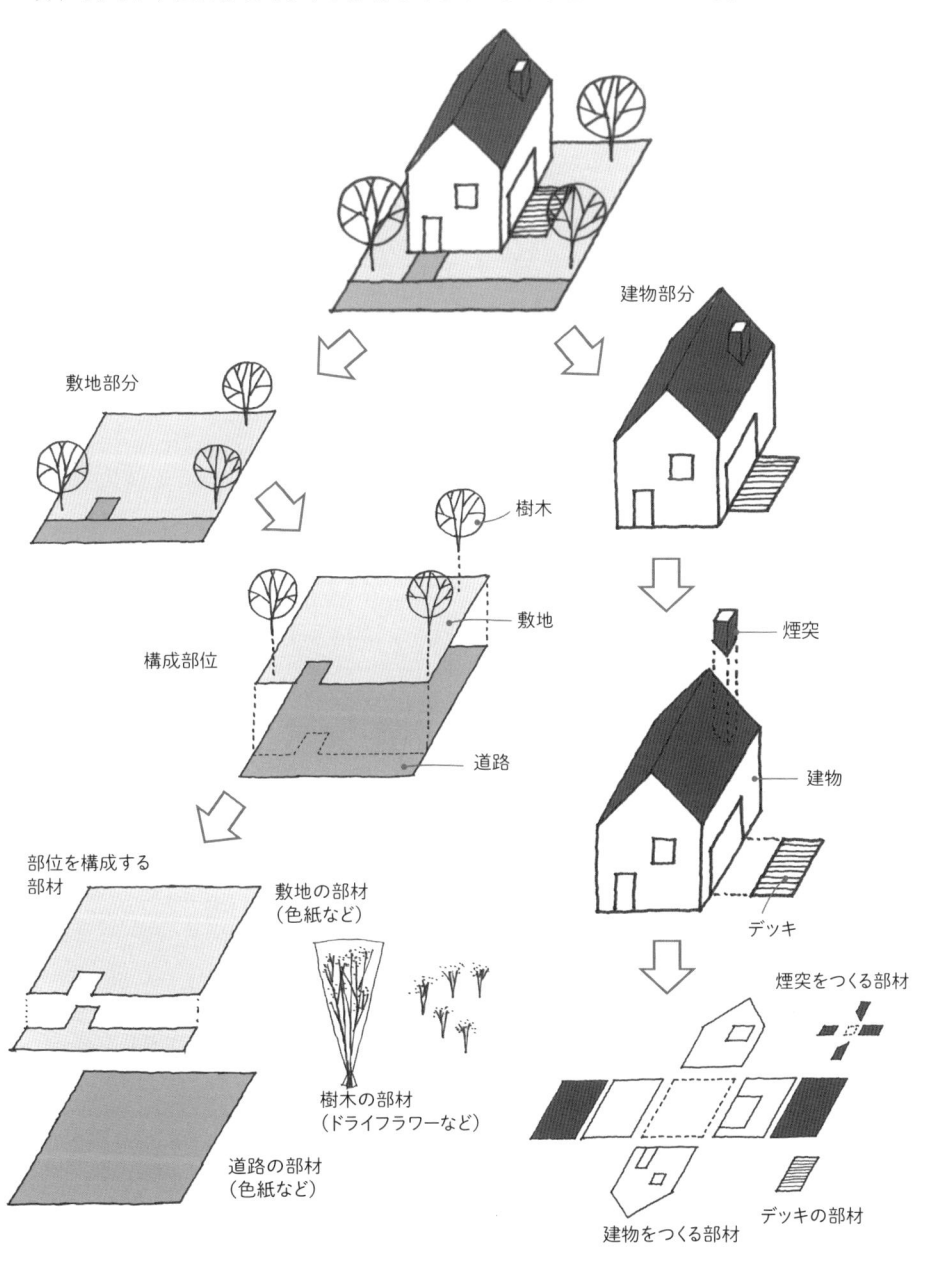

建物部分

敷地部分

構成部位

樹木
敷地
道路

部位を構成する部材

敷地の部材
（色紙など）

樹木の部材
（ドライフラワーなど）

道路の部材
（色紙など）

煙突

建物

デッキ

煙突をつくる部材

建物をつくる部材　デッキの部材

45

2 図面を用意する

スチレンボードを用いた模型のひととおりの製作手法を、図のような図面であらわされる平屋建ての住宅を例にみていこう。下図はノンスケールだが、1：50程度の模型を想定して説明する。
模型をつくるときは、平・立・断面を用意しここから型紙をつくる。

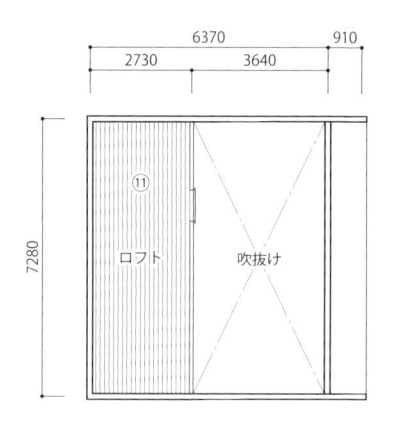

ロフト平面図

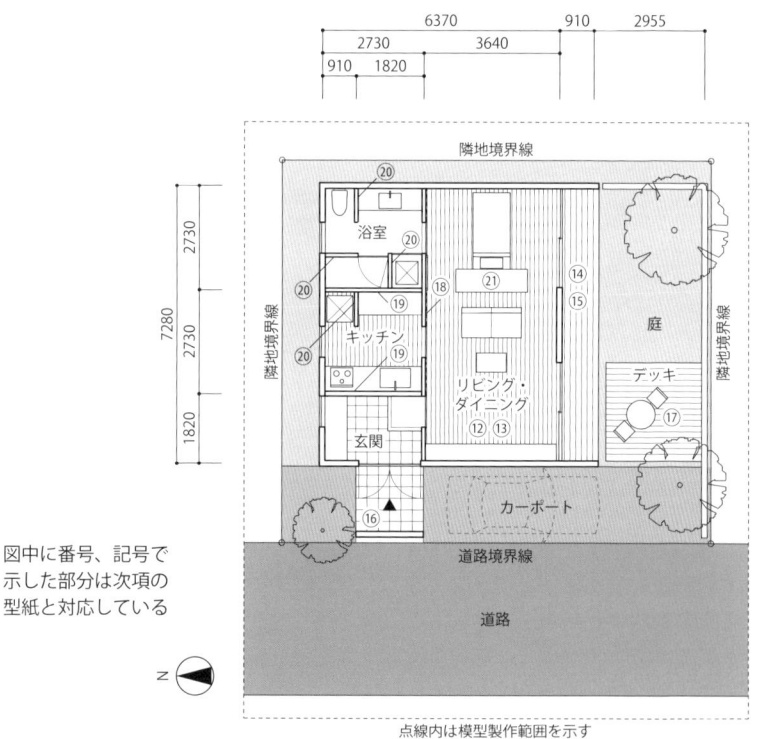

図中に番号、記号で示した部分は次項の型紙と対応している

1階平面図・配置図

点線内は模型製作範囲を示す

CHAPTER 2 家をつくる

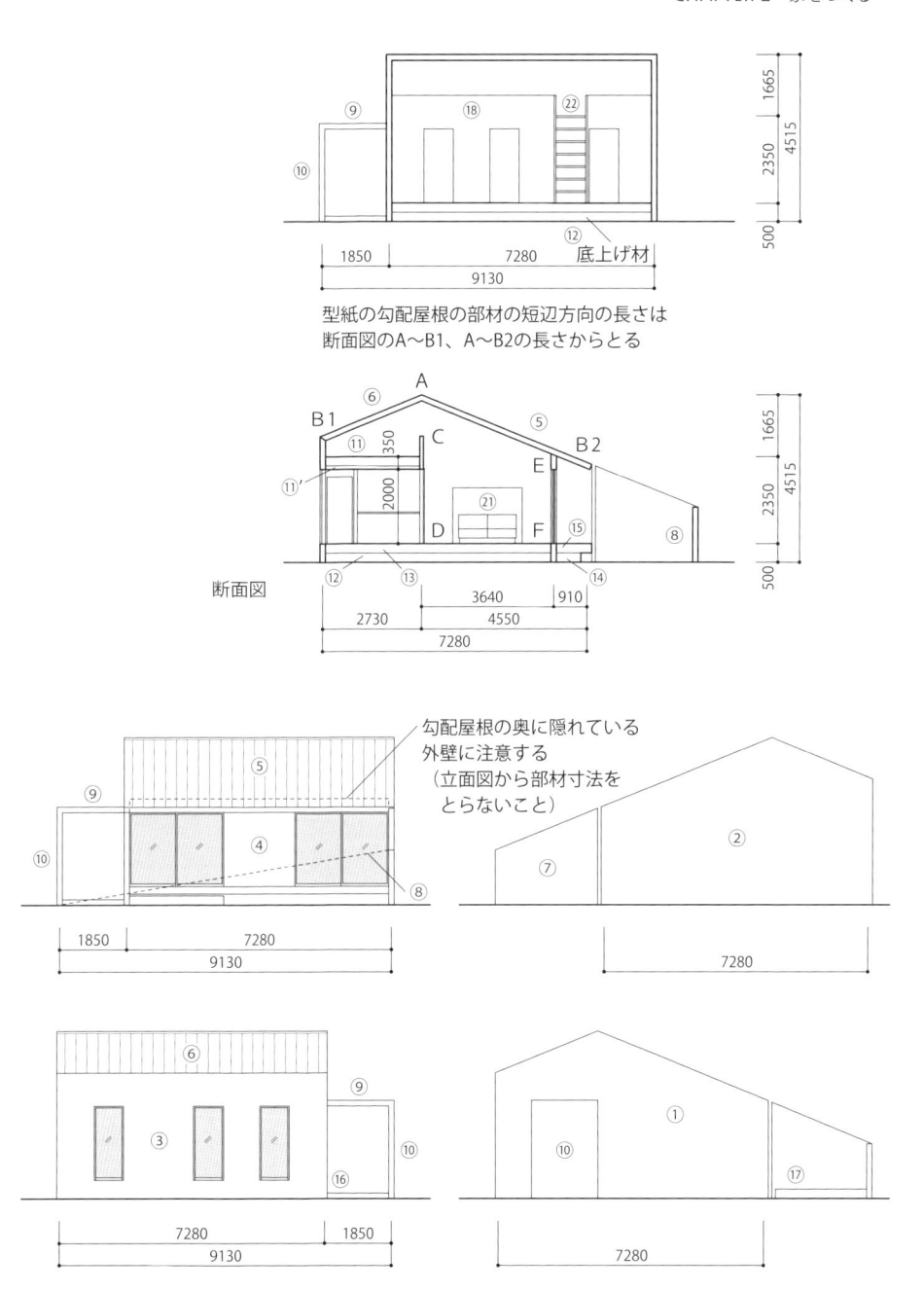

型紙の勾配屋根の部材の短辺方向の長さは
断面図のA〜B1、A〜B2の長さからとる

断面図

勾配屋根の奥に隠れている
外壁に注意する
（立面図から部材寸法を
とらないこと）

立面図

3 図面から型紙をつくる

前項の図面より型紙をつくる。型紙の寸法どりは図面上の長さをそのまままもってこれない場合があるので気をつける。

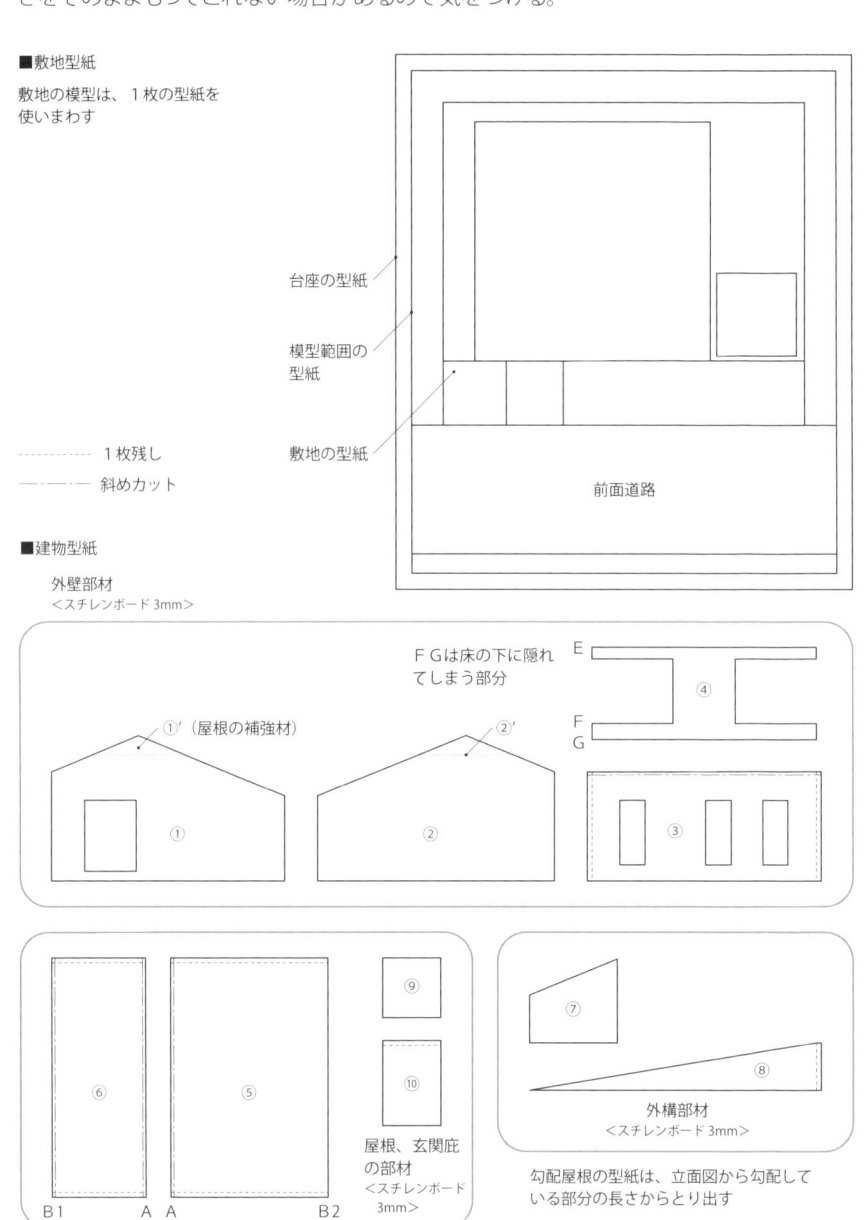

■敷地型紙

敷地の模型は、1枚の型紙を使いまわす

- 台座の型紙
- 模型範囲の型紙
- 敷地の型紙
- 前面道路

---------- 1枚残し
―――― 斜めカット

■建物型紙

外壁部材
＜スチレンボード 3mm＞

①'（屋根の補強材）
②'
FGは床の下に隠れてしまう部分
E
F
G
①
②
③
④

⑥ B1 ⑤ A A B2
⑨
⑩ 屋根、玄関庇の部材
＜スチレンボード 3mm＞

⑦
⑧
外構部材
＜スチレンボード 3mm＞

勾配屋根の型紙は、立面図から勾配している部分の長さからとり出す

48

CHAPTER 2　家をつくる

■敷地の型紙は以下のように3つに分けて考える

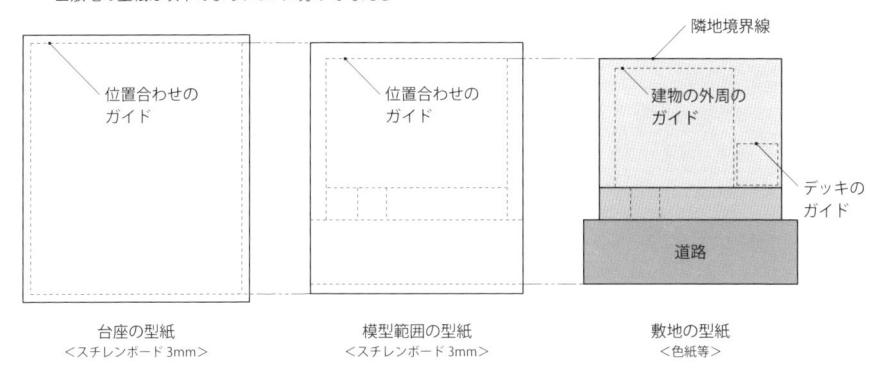

隣地境界線
位置合わせのガイド
位置合わせのガイド
建物の外周のガイド
デッキのガイド
道路

台座の型紙
＜スチレンボード 3mm＞

模型範囲の型紙
＜スチレンボード 3mm＞

敷地の型紙
＜色紙等＞

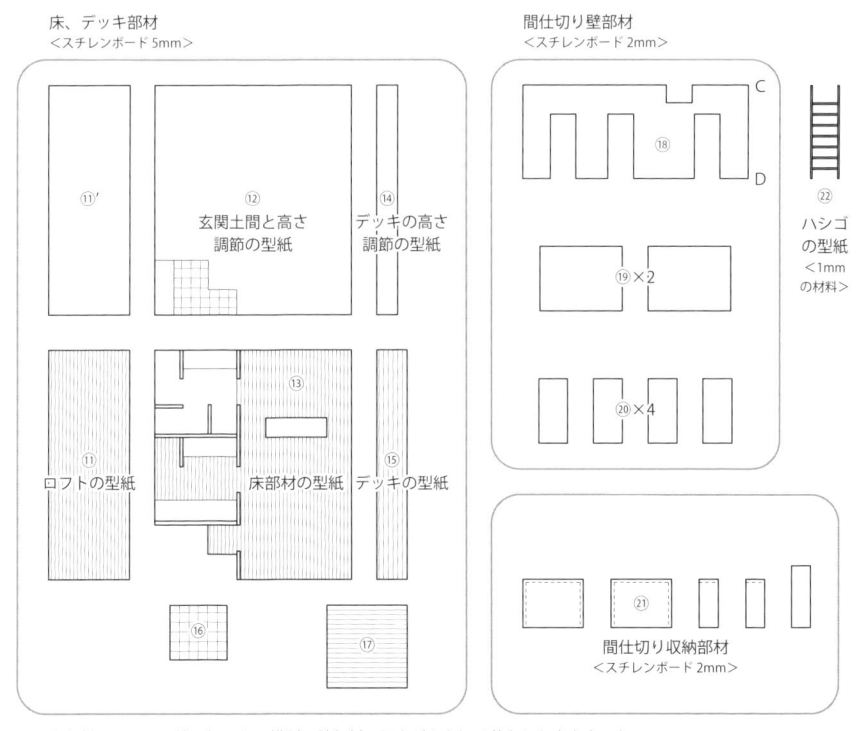

床、デッキ部材
＜スチレンボード 5mm＞

間仕切り壁部材
＜スチレンボード 2mm＞

⑪′
⑫ 玄関土間と高さ調節の型紙
⑭ デッキの高さ調節の型紙
⑱
C
D
㉒ ハシゴの型紙
＜1mmの材料＞

⑲×2

⑪ ロフトの型紙
⑬ 床部材の型紙
⑮ デッキの型紙

⑳×4

⑯
⑰

㉑

間仕切り収納部材
＜スチレンボード 2mm＞

床部材は平面図の外周部から、模型の壁部材の厚さぶんを切り落とした大きさになる。
今回の場合、縮尺1：50で外壁部材3mmを使用するので、平面図から3mmぶん切り落とした型紙をつくる。
3mmのスチレンボードを使用すると、原寸（実際の寸法）で150～180mmの壁厚におおよそ対応する

49

4 組み立てのポイント

① 縮尺1：50の模型の場合、壁の材料には3mm厚のスチレンボードを使う

縮尺1：50で3mmのスチレンボードを使うと、実際の150mm〜180mmの壁厚と対応する厚さになるので、木造の住宅や壁式ＲＣ造の模型では違和感のない厚さになる。

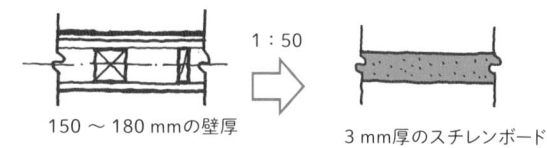

150〜180mmの壁厚　→　1：50　3mm厚のスチレンボード

それ以上の壁厚が必要な場合は、スチレンボードの厚さを変更するか、色紙やケント紙、スノーマット紙などを貼り、壁厚の調整を行う。

② 外壁優先で外観をつくる

外壁優先で外観をつくると、床部材の小口（切断面）が見えないのできれいな模型になる。

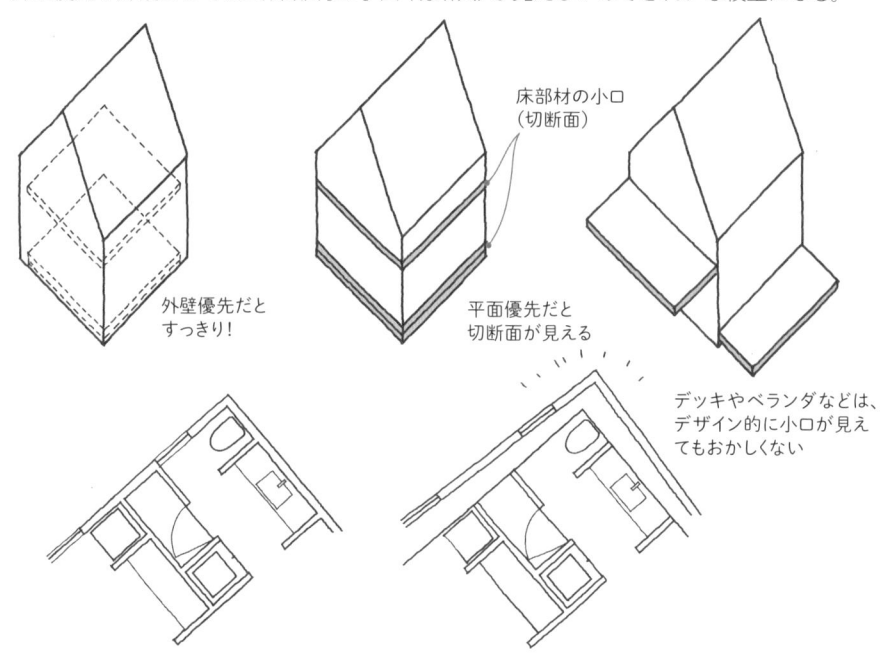

外壁優先だとすっきり！

床部材の小口（切断面）

平面優先だと切断面が見える

デッキやベランダなどは、デザイン的に小口が見えてもおかしくない

このとき、平面は外壁の厚さぶん、小さく切りぬく。そのため型紙を小さくつくっておく。つまり、外壁を3mm厚でつくる場合は、平面の型紙を外壁ぶん切りとった大きさでつくる。

③ 間仕切り壁は、外壁よりも薄い2mm厚の材料でつくる

外壁と区別することでメリハリをつける。

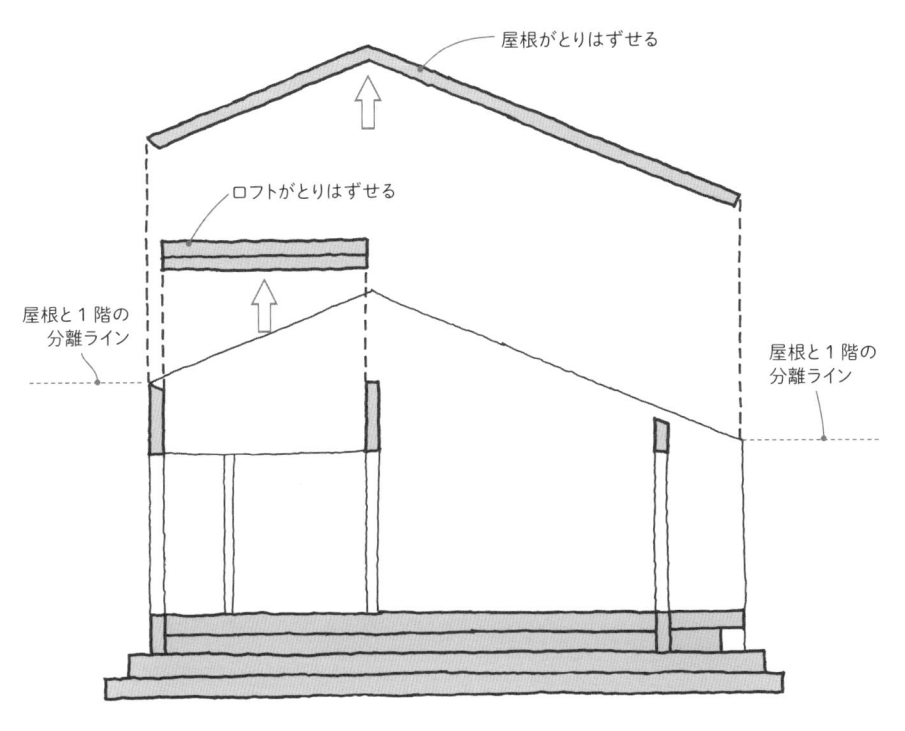

CHAPTER 2 家をつくる

屋根がとりはずせる

ロフトがとりはずせる

屋根と1階の分離ライン

屋根と1階の分離ライン

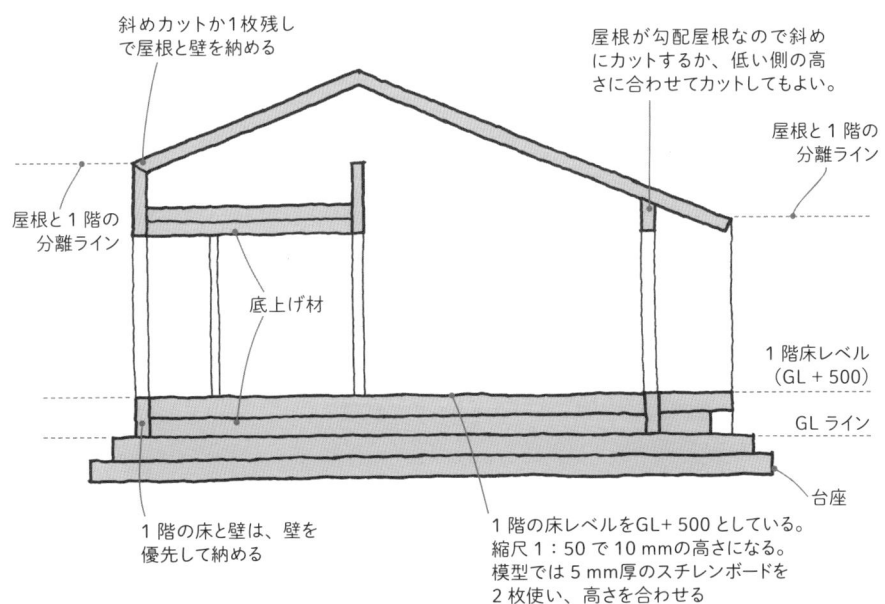

斜めカットか1枚残しで屋根と壁を納める

屋根が勾配屋根なので斜めにカットするか、低い側の高さに合わせてカットしてもよい。

屋根と1階の分離ライン

屋根と1階の分離ライン

底上げ材

1階床レベル（GL＋500）

GLライン

台座

1階の床と壁は、壁を優先して納める

1階の床レベルをGL＋500としている。縮尺1：50で10mmの高さになる。模型では5mm厚のスチレンボードを2枚使い、高さを合わせる

51

5 つくり方の手順

ここからは、実際に模型をつくる手順を「縮尺 1 : 50 サイズの模型」を基本に説明する。大まかな手順としては以下の 3 段階の流れが一般的である。
敷地の様子を確認するためにも、敷地模型は最初につくること。建物本体よりも大きいので、細かいものをつくる前に片づけてしまうと作業効率がよい。

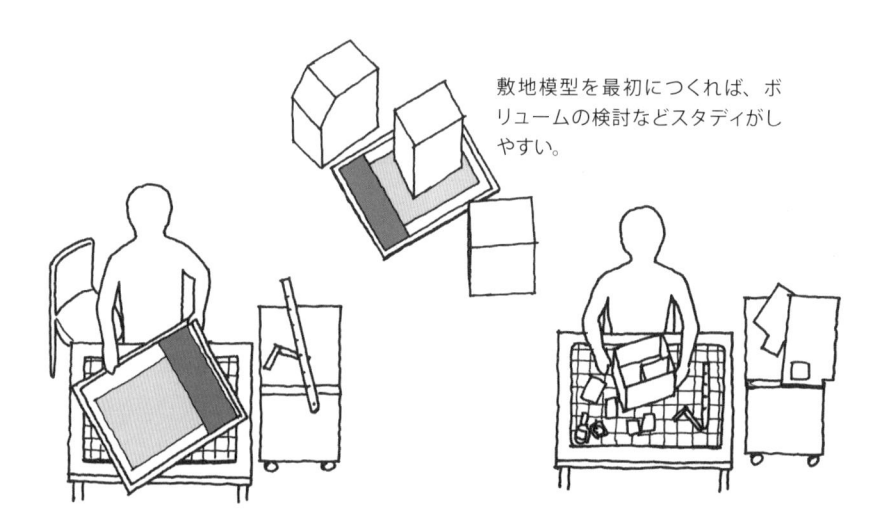

敷地模型を最初につくれば、ボリュームの検討などスタディがしやすい。

敷地模型などの大物を最初につくってしまう。

建築は腰をすえてしっかりつくる。

● 模型をつくるフロー

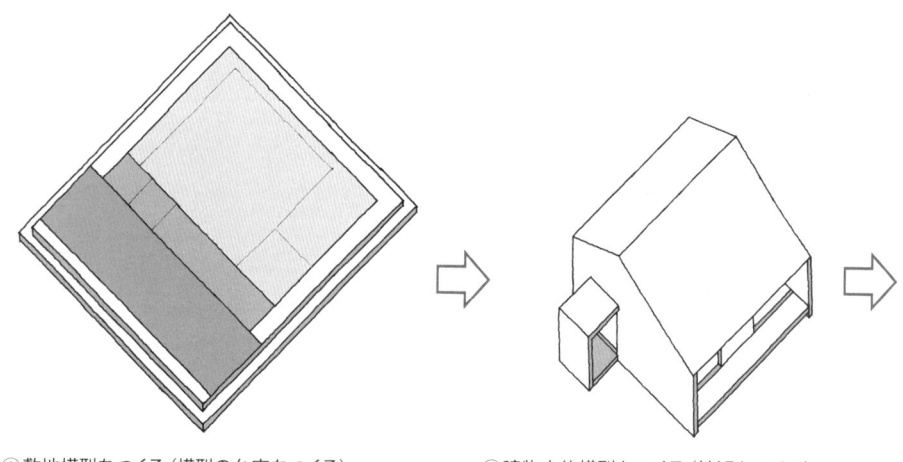

①敷地模型をつくる(模型の台座をつくる)。

②建物本体模型をつくる(外観をつくる) →

CHAPTER 2 　家をつくる

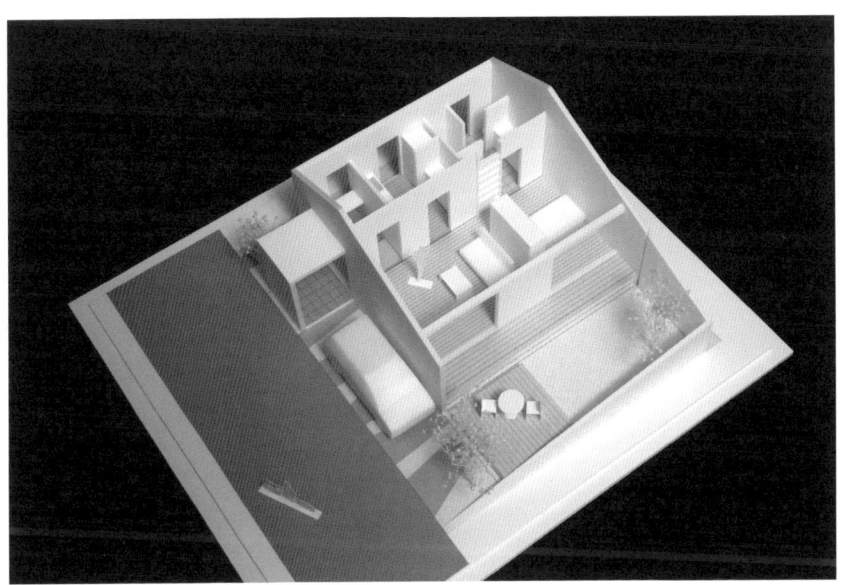

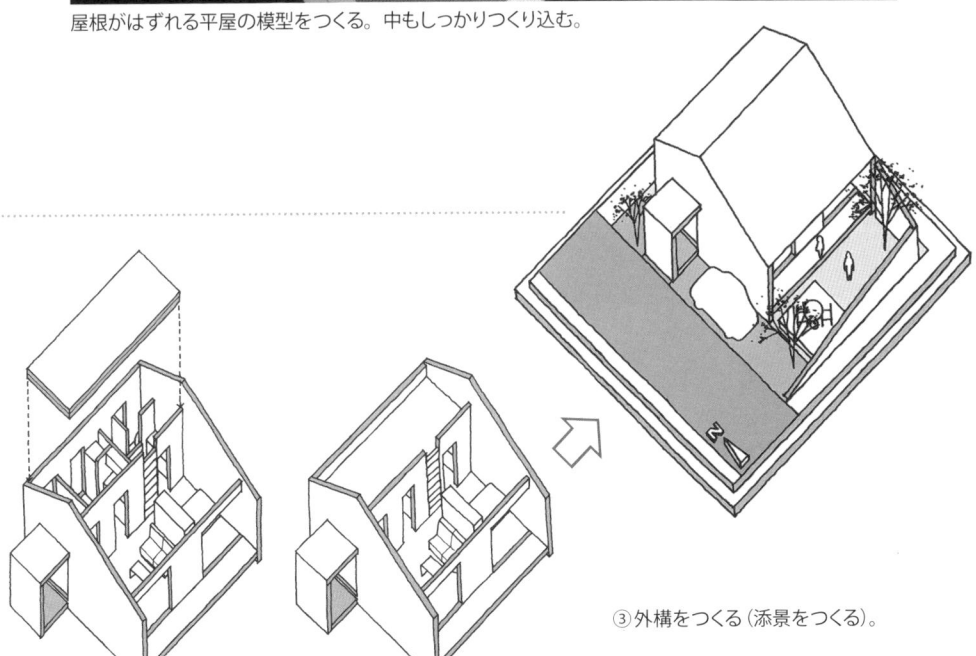

屋根がはずれる平屋の模型をつくる。中もしっかりつくり込む。

内部・家具をつくる（作業の順序が前後することがある）

③外構をつくる（添景をつくる）。

53

6 敷地模型をつくる

敷地模型は、敷地や建物、周辺の建物や環境をどこまでいれるかによって大きさを設定する。ランドスケープデザインのような敷地環境、自然環境の表現をするときには、実際の敷地よりも広い範囲の大きさが必要になる。逆にインテリア模型の場合はある決められた部屋の範囲だけでよい。

● 平地の敷地模型の例

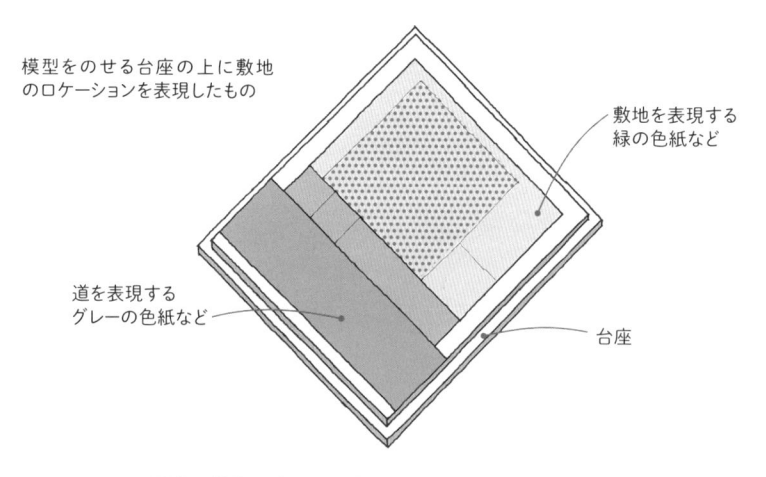

模型をのせる台座の上に敷地のロケーションを表現したもの

敷地を表現する緑の色紙など

道を表現するグレーの色紙など

台座

現実の敷地環境はさまざまである。高低差のない平地の土地であれば色紙やテクスチャーを変えることなどで表現する。

---

one point

台座をつくる

台座は基本2枚のボードを貼り合わせる。
台座①に敷地を表現し、台座②は台座①よりも外周まわり1cmほど大きくつくるのがポイントである。模型の台座として安定することと、模型を保存・持ち運ぶ箱をつくるときに必要になる（130頁「専用ボックスをつくる」参照）
台座の厚さは全体の模型の大きさから、
3mm + 3mm、3mm + 5mm、5mm +
5mmなどの組み合わせを適宜選ぶ。

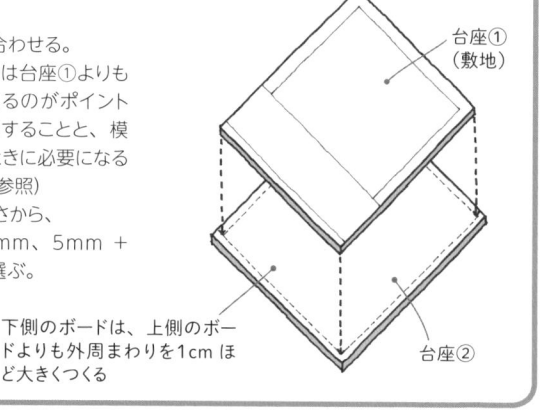

台座①（敷地）

下側のボードは、上側のボードよりも外周まわりを1cmほど大きくつくる

台座②

CHAPTER 2　家をつくる

あらかじめ、敷地の型紙から敷地、道路などの色紙を切りぬいておく。
敷地をあらわす色紙はスプレーのりや両面テープを使い、のりづけする。スプレーのりの種類は模型を保存しておきたい期間で調整する。長期間の保存の必要がある場合は、必ず両面テープを全面に貼りつけること。特に台座①と台座②は必ず両面テープを用いて貼りつける。

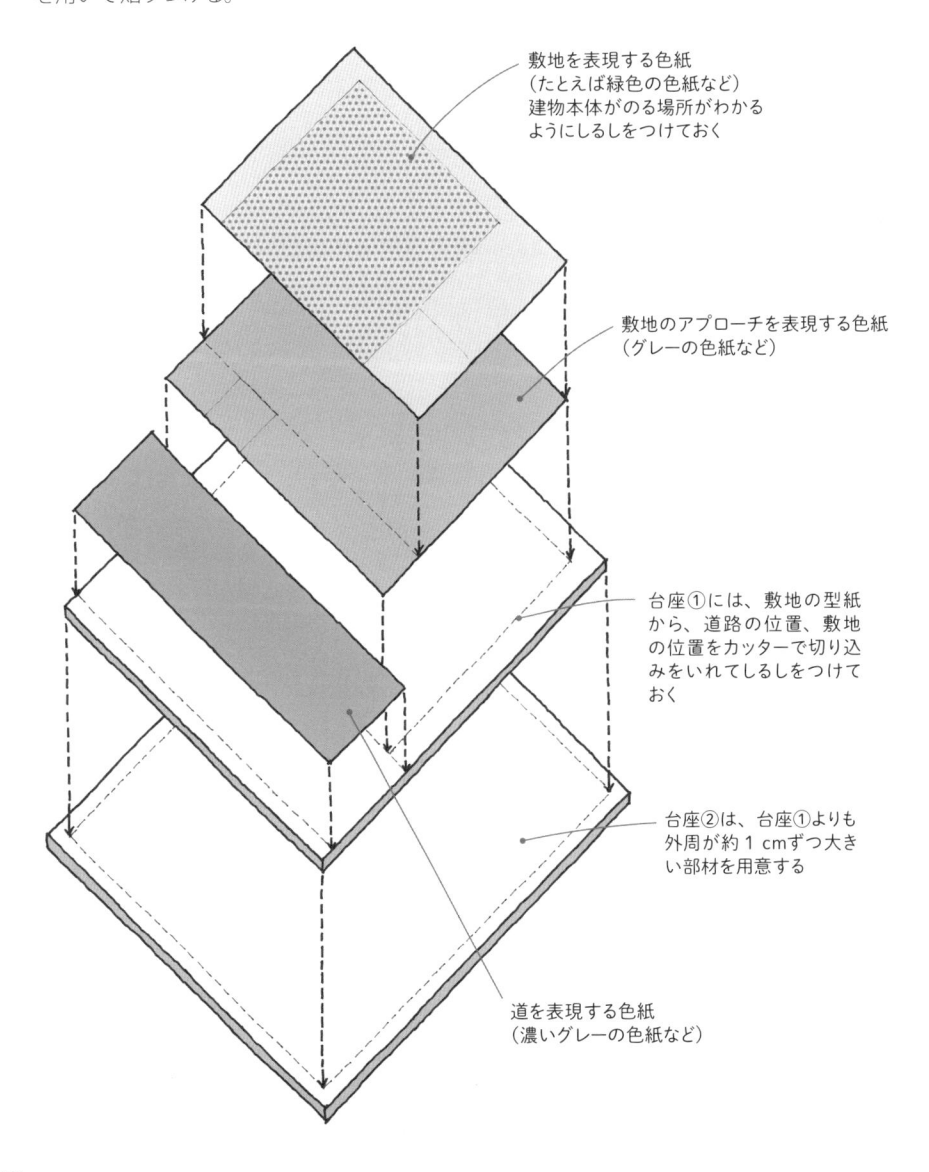

敷地を表現する色紙
（たとえば緑色の色紙など）
建物本体がのる場所がわかるようにしるしをつけておく

敷地のアプローチを表現する色紙
（グレーの色紙など）

台座①には、敷地の型紙から、道路の位置、敷地の位置をカッターで切り込みをいれてしるしをつけておく

台座②は、台座①よりも外周が約1cmずつ大きい部材を用意する

道を表現する色紙
（濃いグレーの色紙など）

7 建物本体をつくる

建物本体の模型は、まず外観からつくるのが段取りがよい。最初に形全体がイメージできるよさと、使用する部材も大きいので、つくる順番としては、先にすませてしまいたい。外観を形づくる部材としては、大きく分けて3種類、床（平面）の部材、壁面の部材、屋根の部材がある。

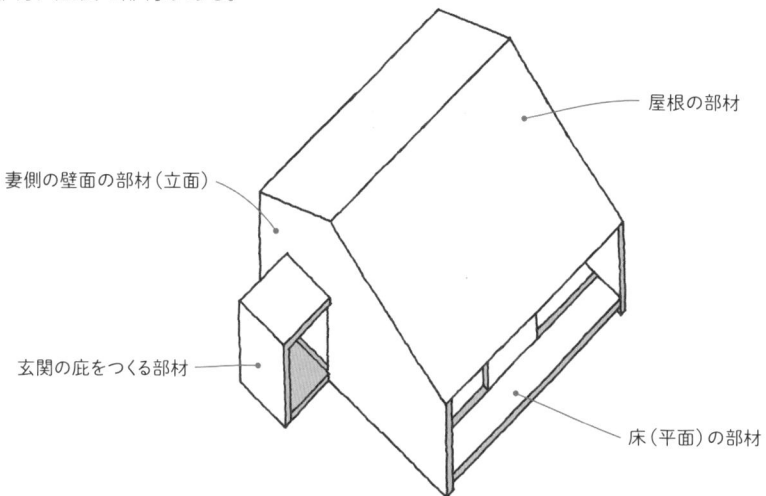

屋根の部材

妻側の壁面の部材（立面）

玄関の庇をつくる部材

床（平面）の部材

● 型紙を用意する

上図のような外観を形づくる部材図を考えて、型紙を用意する。

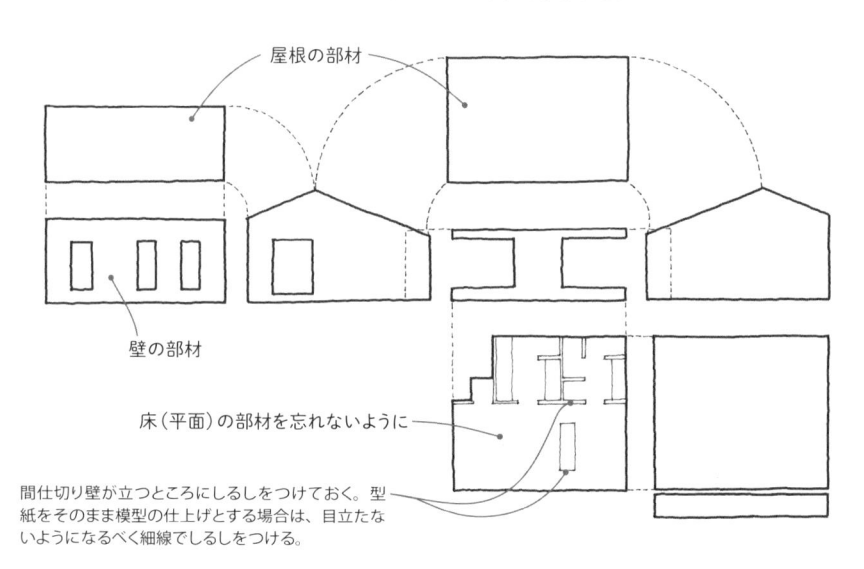

屋根の部材

壁の部材

床（平面）の部材を忘れないように

間仕切り壁が立つところにしるしをつけておく。型紙をそのまま模型の仕上げとする場合は、目立たないようになるべく細線でしるしをつける。

CHAPTER 2　家をつくる

● 各部材を切り出す

マスキングテープで仮どめして各部材を切り出す。平面図の型紙は間仕切り壁のガイドとするため、型紙を接着してそのまま使用する。

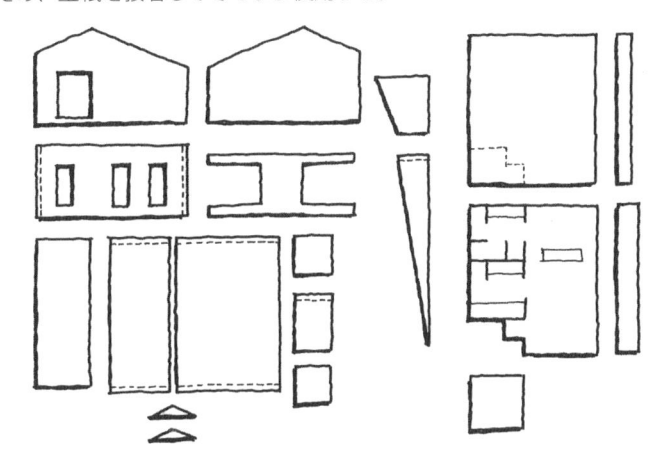

● 床部材を組み立てる

1階の床をつくる。1階の床の高さは、設定している地盤面からの高さになる。そのため、部材1枚では足りない場合が多い。そんな時には、材料を2枚以上使うなどして高さを合わせる。今回は、玄関のたたきの高さで1枚の部材をつくり、1階の床の高さの部材と合わせて2枚使用している。

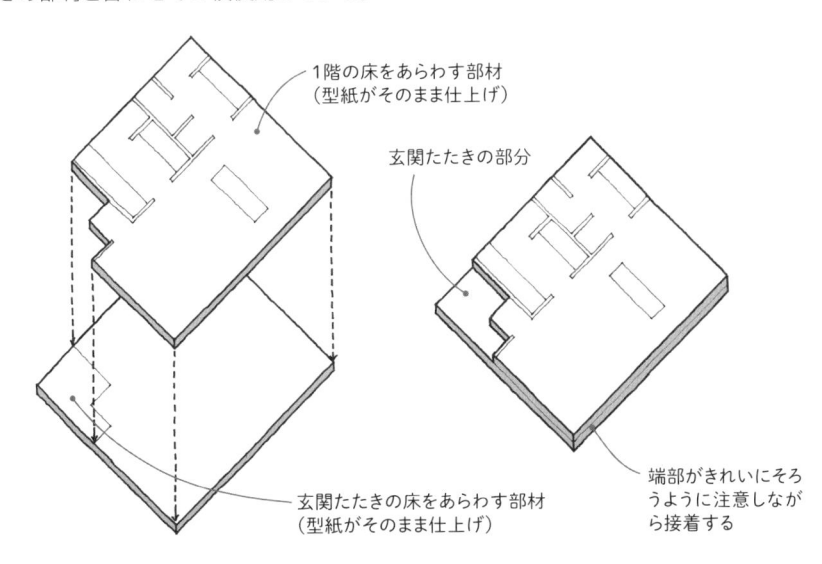

1階の床をあらわす部材
（型紙がそのまま仕上げ）

玄関たたきの部分

玄関たたきの床をあらわす部材
（型紙がそのまま仕上げ）

端部がきれいにそろうように注意しながら接着する

57

● **部材を仮組みし、壁面の接着部分の加工を確認する**

切り出した部材を仮組みしてみる。部材同士をどのように組み合わせるかを確認する。どの部材に1枚残しの加工をすればよいのかがみえてくる(48〜49頁の型紙ではわかりやすいように1枚残しの位置を示したがこのように仮組みしてから決めてもよい)。

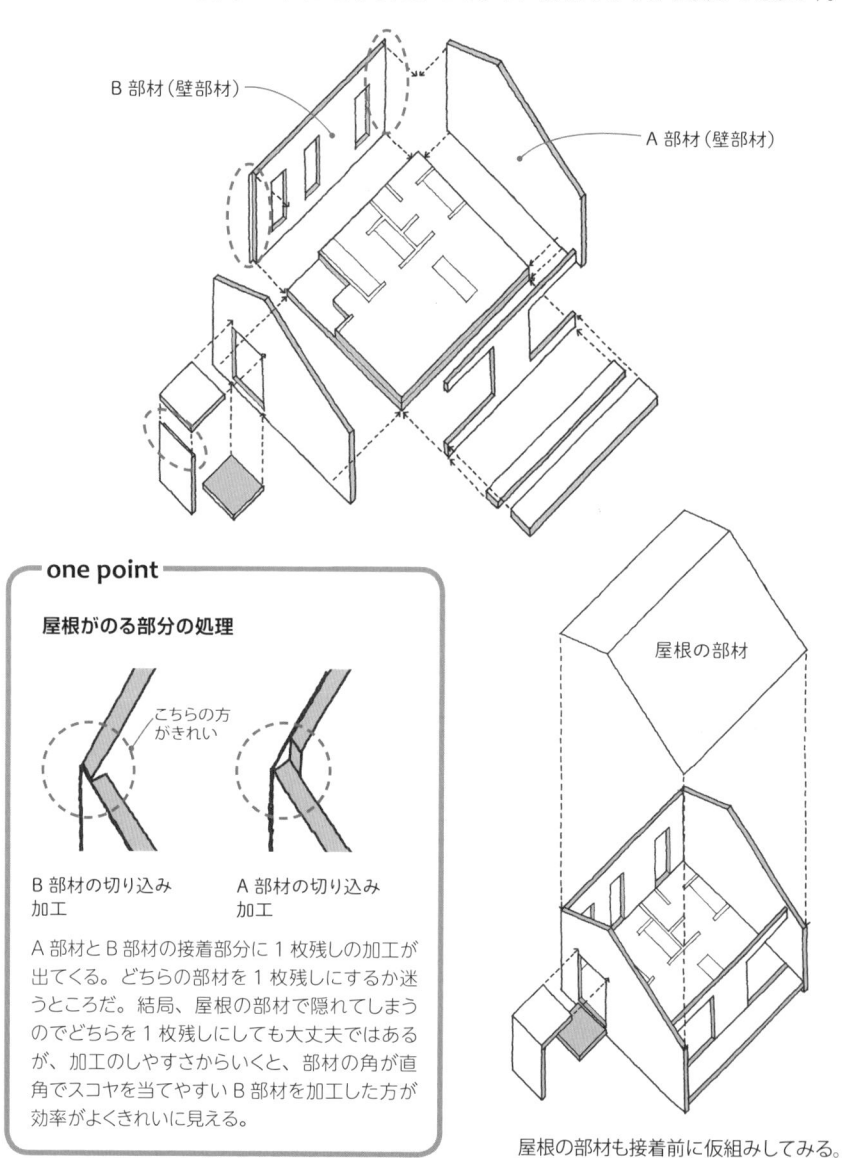

B部材(壁部材)

A部材(壁部材)

one point

屋根がのる部分の処理

こちらの方がきれい

B部材の切り込み加工

A部材の切り込み加工

A部材とB部材の接着部分に1枚残しの加工が出てくる。どちらの部材を1枚残しにするか迷うところだ。結局、屋根の部材で隠れてしまうのでどちらを1枚残しにしても大丈夫ではあるが、加工のしやすさからいくと、部材の角が直角でスコヤを当てやすいB部材を加工した方が効率がよくきれいに見える。

屋根の部材

屋根の部材も接着前に仮組みしてみる。

CHAPTER 2　家をつくる

● 壁部材を組み立てる

床部材と、前項で説明した壁面のA部材とB部材（1枚残しの加工）を先に接着する。

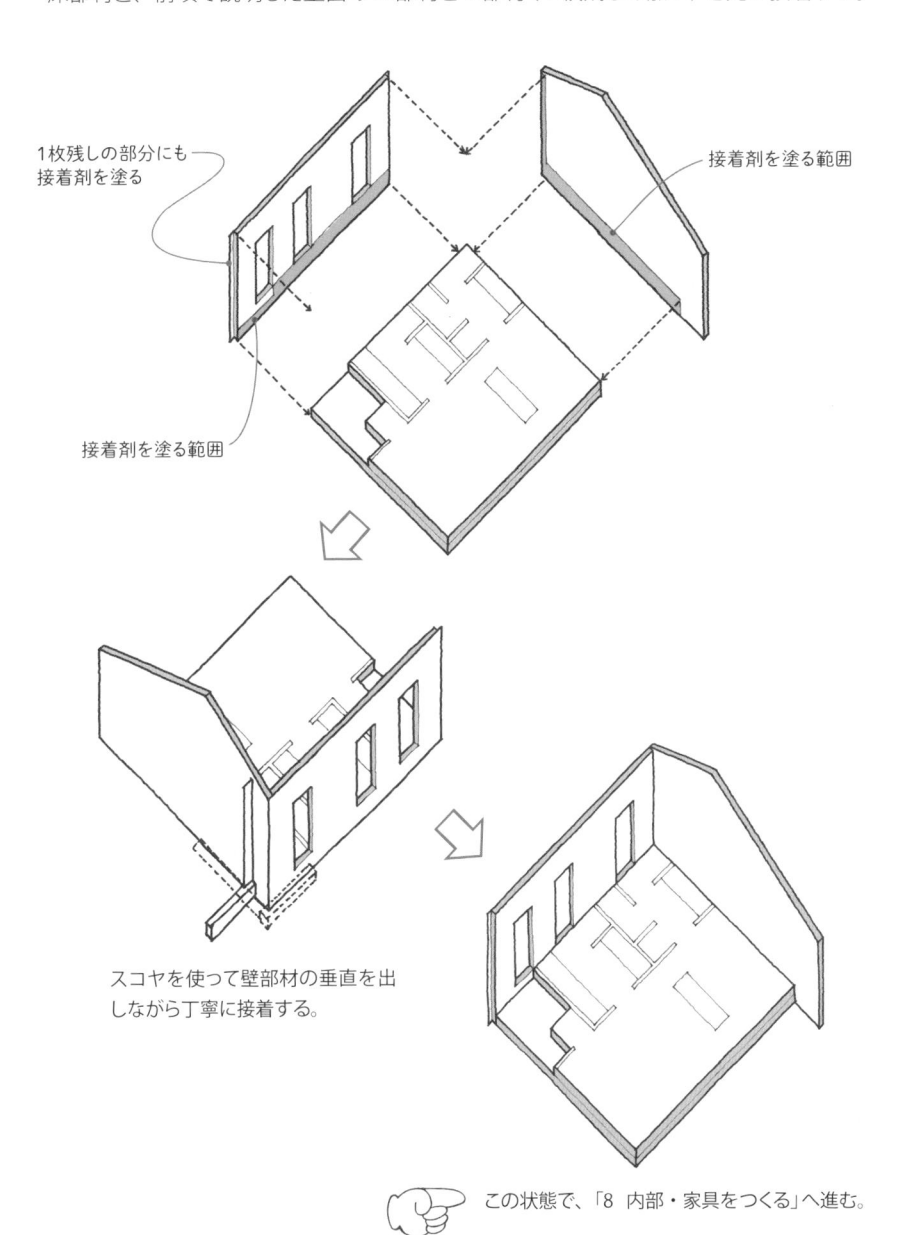

1枚残しの部分にも接着剤を塗る

接着剤を塗る範囲

接着剤を塗る範囲

スコヤを使って壁部材の垂直を出しながら丁寧に接着する。

この状態で、「8　内部・家具をつくる」へ進む。

8 内部・家具をつくる

内部をつくるときには、同時に家具類もつくり、接着・固定しながら組み立てを行う。
内部の間仕切り壁の部材を型紙から切り出し、仮組みを行って問題がないか確認する。
次に家具類をつくり、先に接着・固定している壁のある側から順に接着・固定していく。

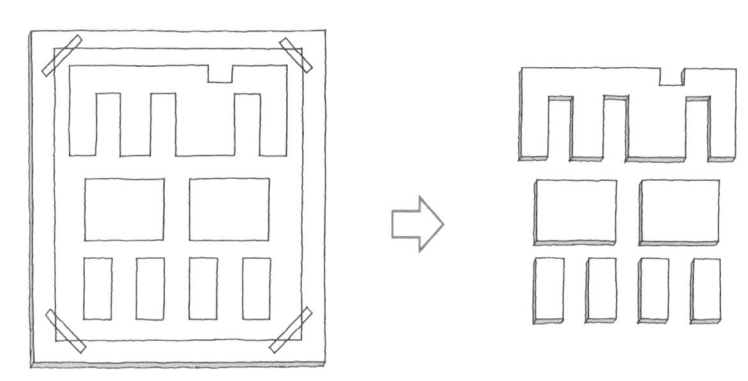

①内部の間仕切り壁の部材を型紙から切り出す。

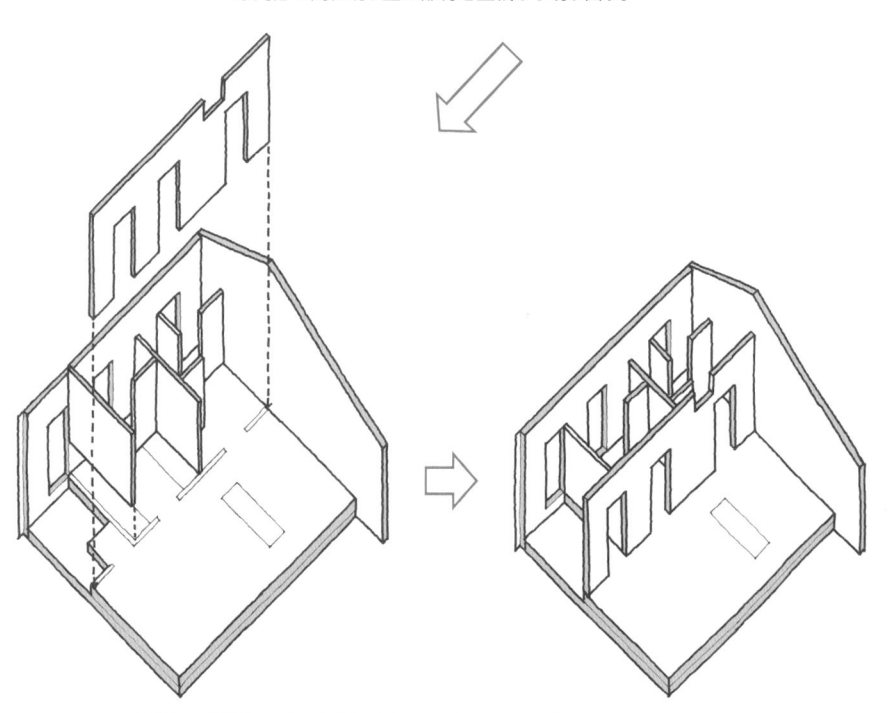

②内部の間仕切り壁の部材で仮組みを行って問題がないか確認する。

60

CHAPTER 2　家をつくる

● **内部・家具類を接着・固定する手順**

家具類もつくり、接着・固定しながら組み立てを行う。先に間仕切り壁を接着・固定してしまうと模型の中に手が入らなくなってしまい作業がしにくい。奥にあるものから順に接着・固定していくのがポイントである。

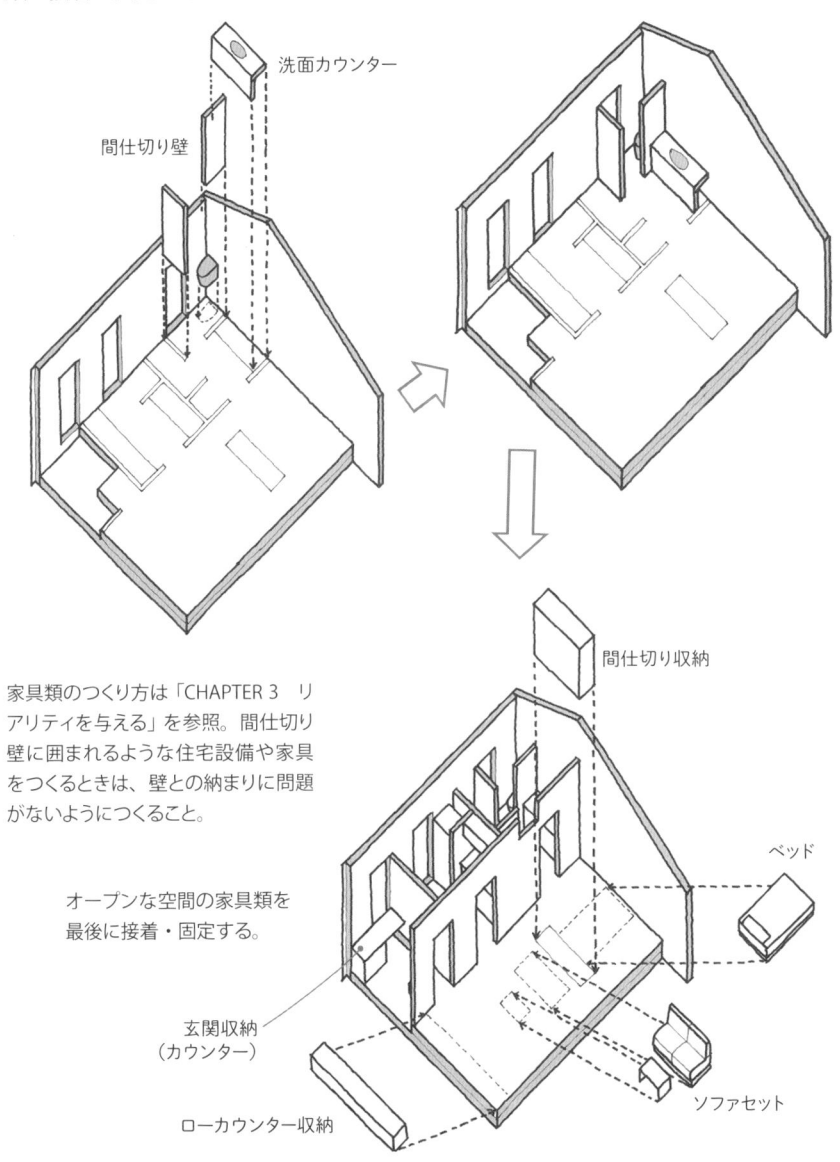

洗面カウンター

間仕切り壁

家具類のつくり方は「CHAPTER 3　リアリティを与える」を参照。間仕切り壁に囲まれるような住宅設備や家具をつくるときは、壁との納まりに問題がないようにつくること。

オープンな空間の家具類を最後に接着・固定する。

玄関収納
（カウンター）

ローカウンター収納

間仕切り収納

ベッド

ソファセット

内部・家具を接着・固定したら残りの外壁を接着・固定する。

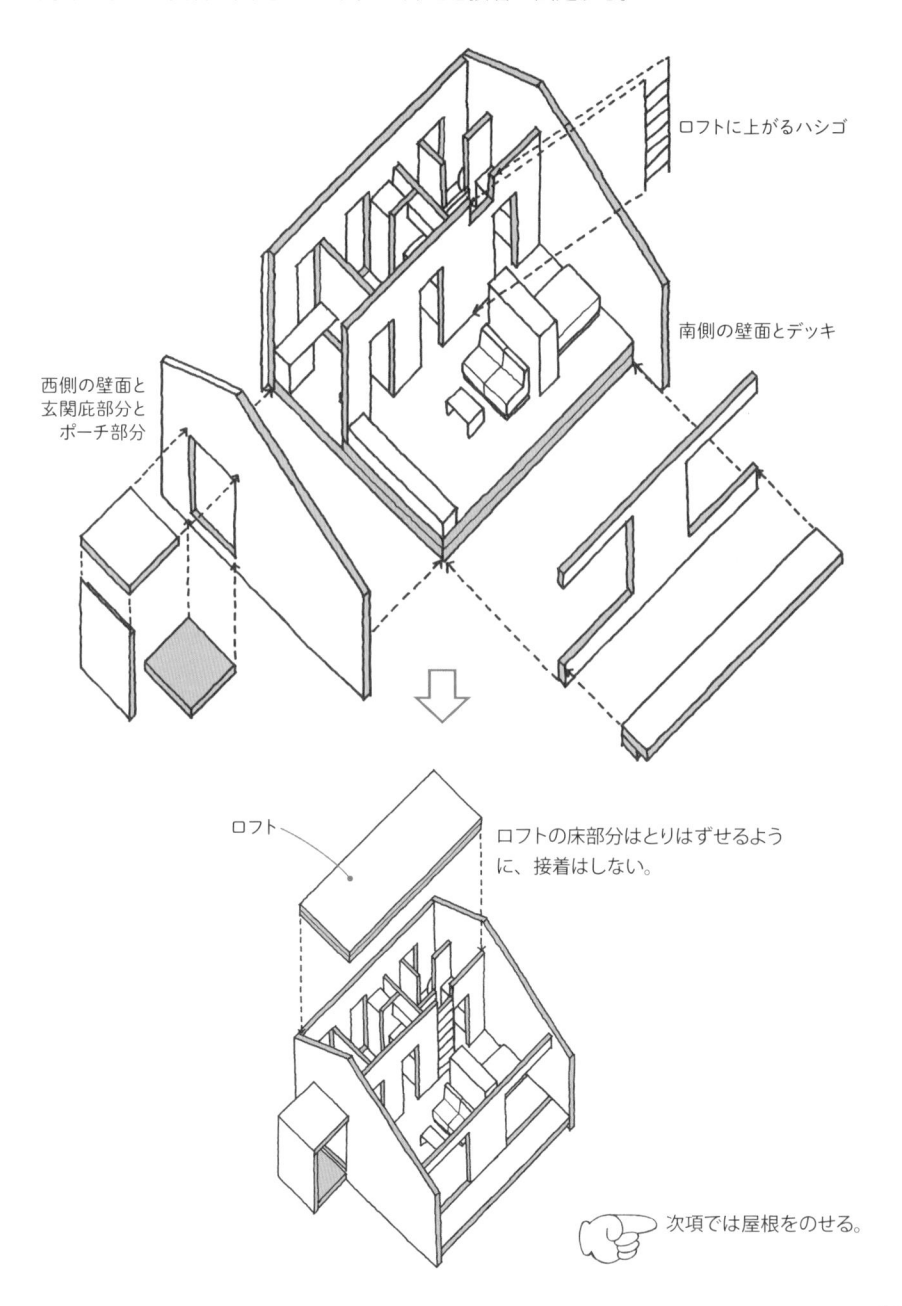

ロフトに上がるハシゴ

南側の壁面とデッキ

西側の壁面と
玄関庇部分と
ポーチ部分

ロフト

ロフトの床部分はとりはずせるように、接着はしない。

次項では屋根をのせる。

62

9 屋根をのせる

CHAPTER 2　家をつくる

模型づくりの最終工程、屋根をのせる。

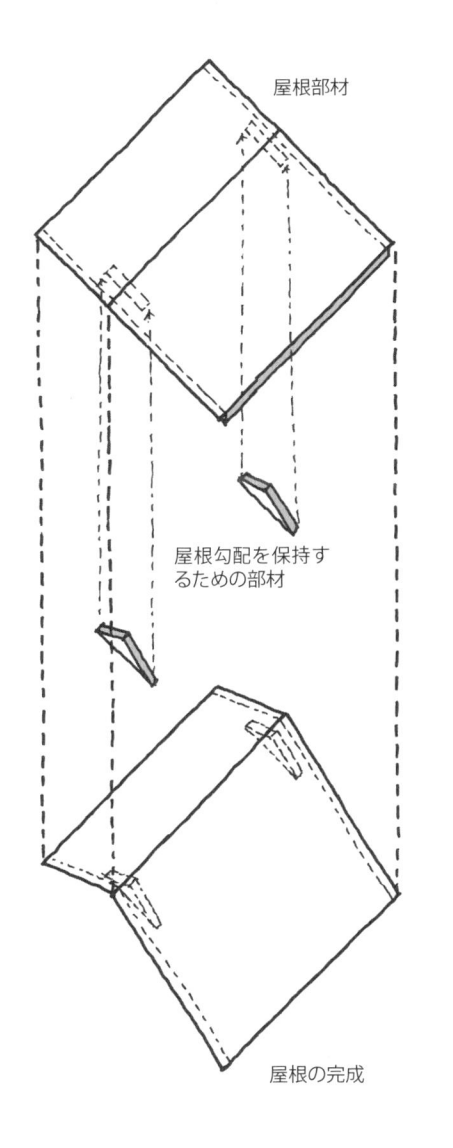

屋根部材

屋根部材

屋根勾配を保持するための部材

屋根勾配を保持するための部材

屋根

屋根の完成

今回の模型では、屋根をとりはずせるようにつくるので、屋根の形状を保持するための部材をつける。

10 外構・添景をつくる

できあがった建物部分を敷地にとりつける。とりつけは、両面テープを使いしっかりと接着する。

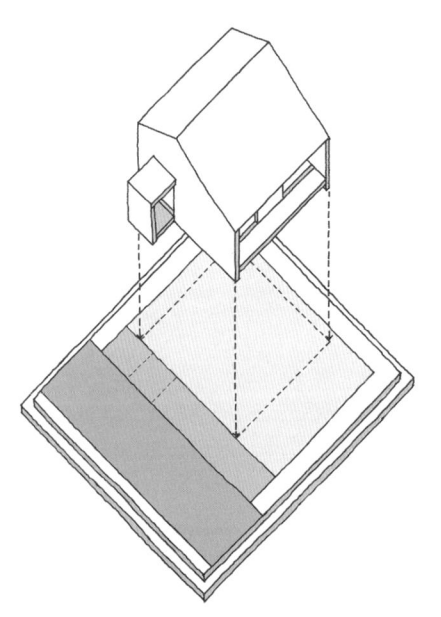

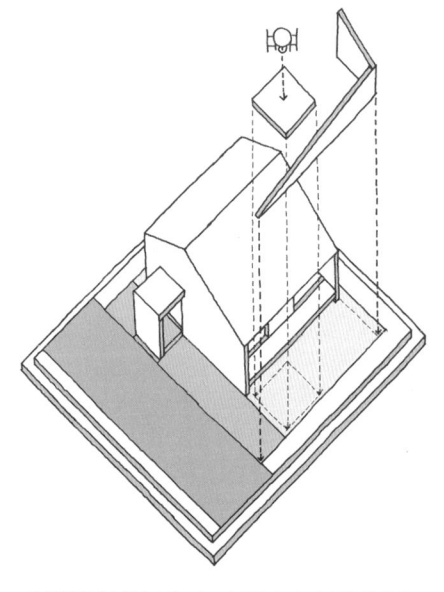

①建物本体を敷地に両面テープで接着する。

②外構部材（塀、デッキ、家具）をのりで接着する。

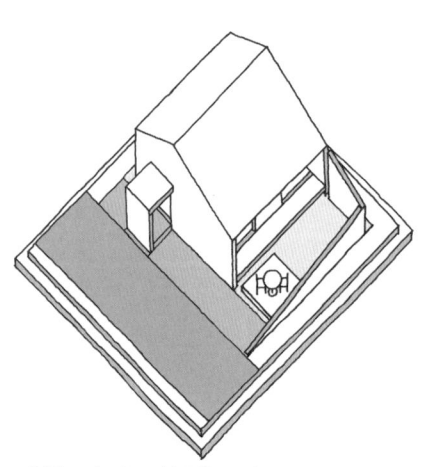

③塀、デッキ、家具がついた。

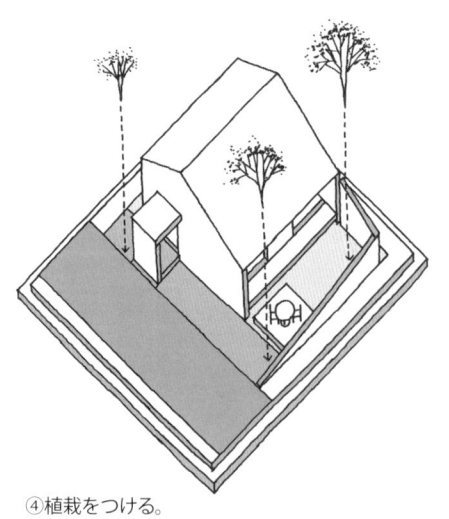

④植栽をつける。

64

CHAPTER 2　家をつくる

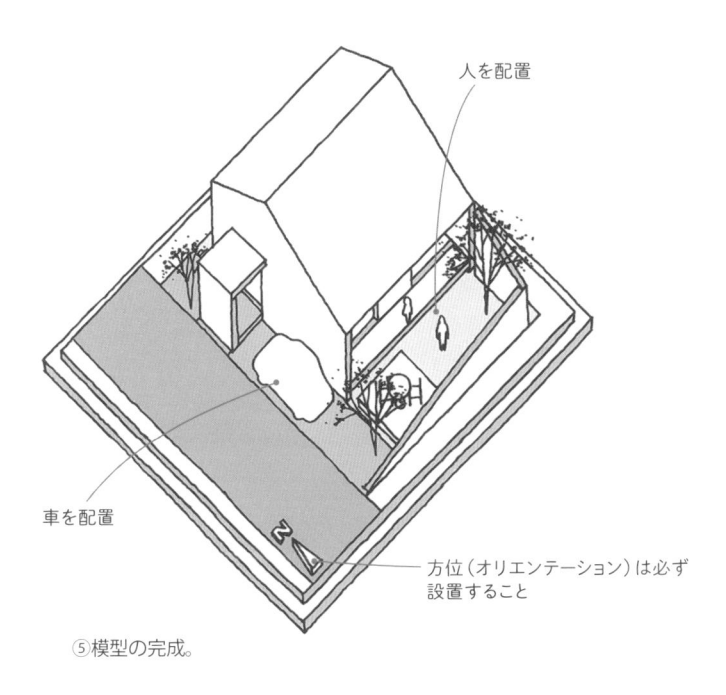

人を配置

車を配置

方位(オリエンテーション)は必ず設置すること

⑤模型の完成。

完成した模型の写真

11 2階建ての住宅をつくる

● 外壁の1階と2階の接合部分は各面1枚の部材を切り分ける

縮尺が1：50以上になる2階建て住宅の模型は、平屋と同様に内部が見られるように屋根のとりはずしができること、さらに1階と2階が分離できるようにつくるとよい。

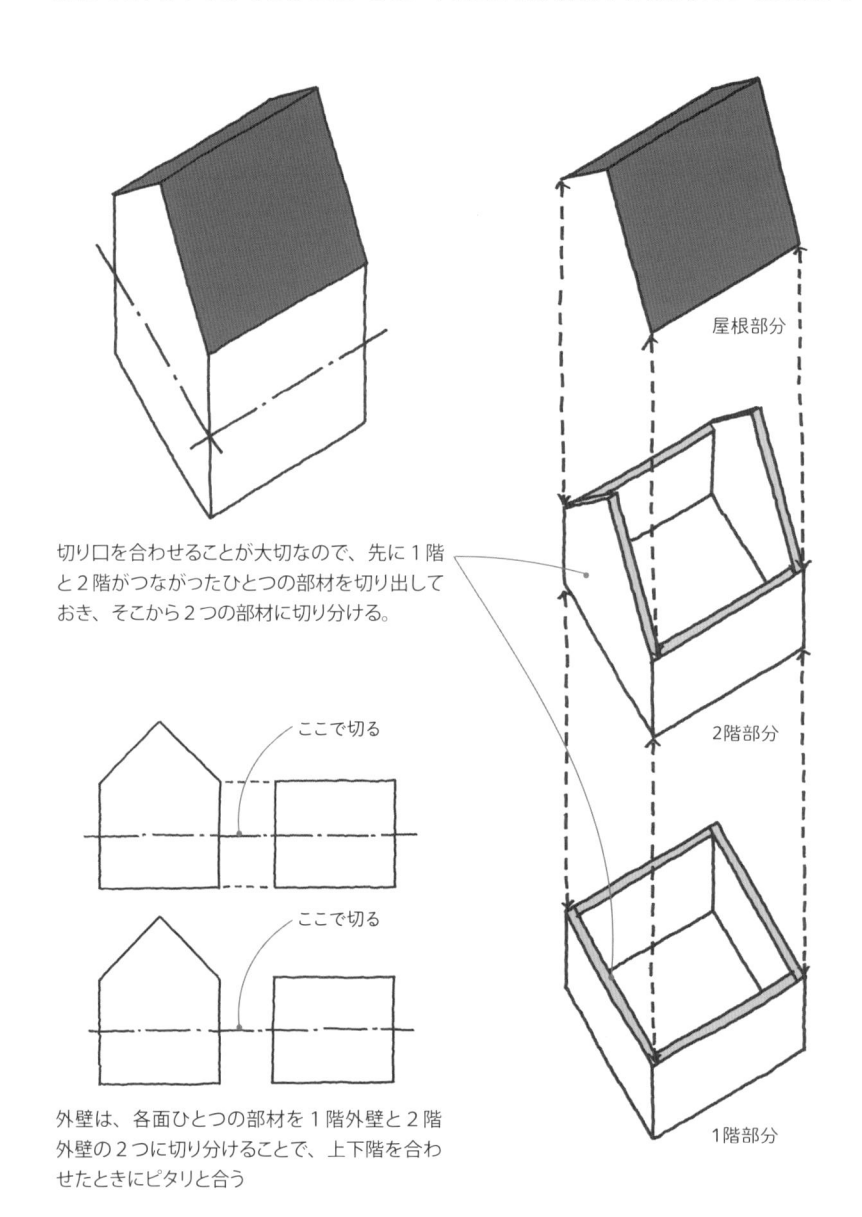

切り口を合わせることが大切なので、先に1階と2階がつながったひとつの部材を切り出しておき、そこから2つの部材に切り分ける。

ここで切る

ここで切る

外壁は、各面ひとつの部材を1階外壁と2階外壁の2つに切り分けることで、上下階を合わせたときにピタリと合う

屋根部分

2階部分

1階部分

66

CHAPTER 2　家をつくる

● **吹き抜けに面する壁も1枚の部材から切り分ける**
内部空間に吹き抜けがあり、1階から2階に連続する壁があるときは、外壁の加工と同様に、連続する壁をひとつの部材として、そこから1階、2階のそれぞれの部材に切り分ける。

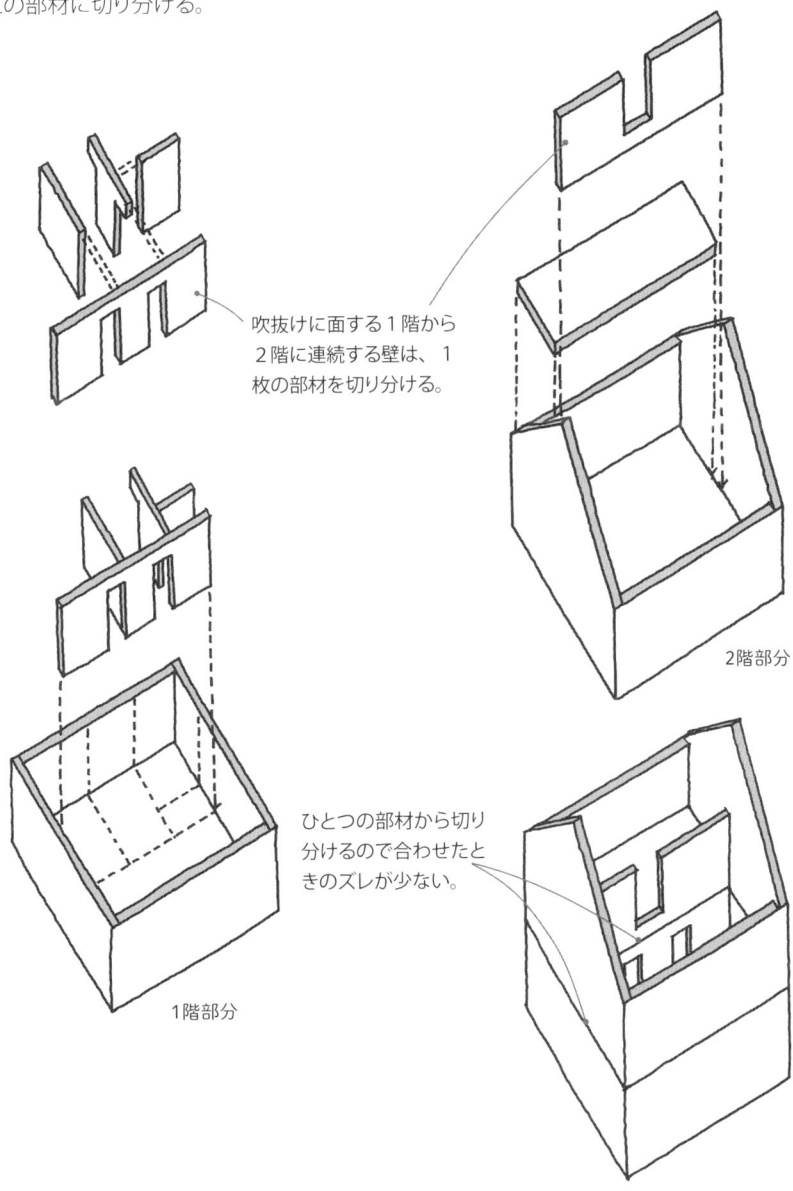

吹抜けに面する1階から2階に連続する壁は、1枚の部材を切り分ける。

2階部分

ひとつの部材から切り分けるので合わせたときのズレが少ない。

1階部分

67

12 分離ラインの位置でプレゼンが決まる

　1階と2階を分離する場合、分離ラインをどこにとると、説明しやすいか、きれいに見えるかを考えて、分離ラインの位置を決定する。下図のような建物の場合は、1階と2階の分離ラインは、1階の天井高さの位置に、2階と屋根の分離ラインは外壁と屋根の境界に設定している。

● すべての部分がのっている状態（概念図）

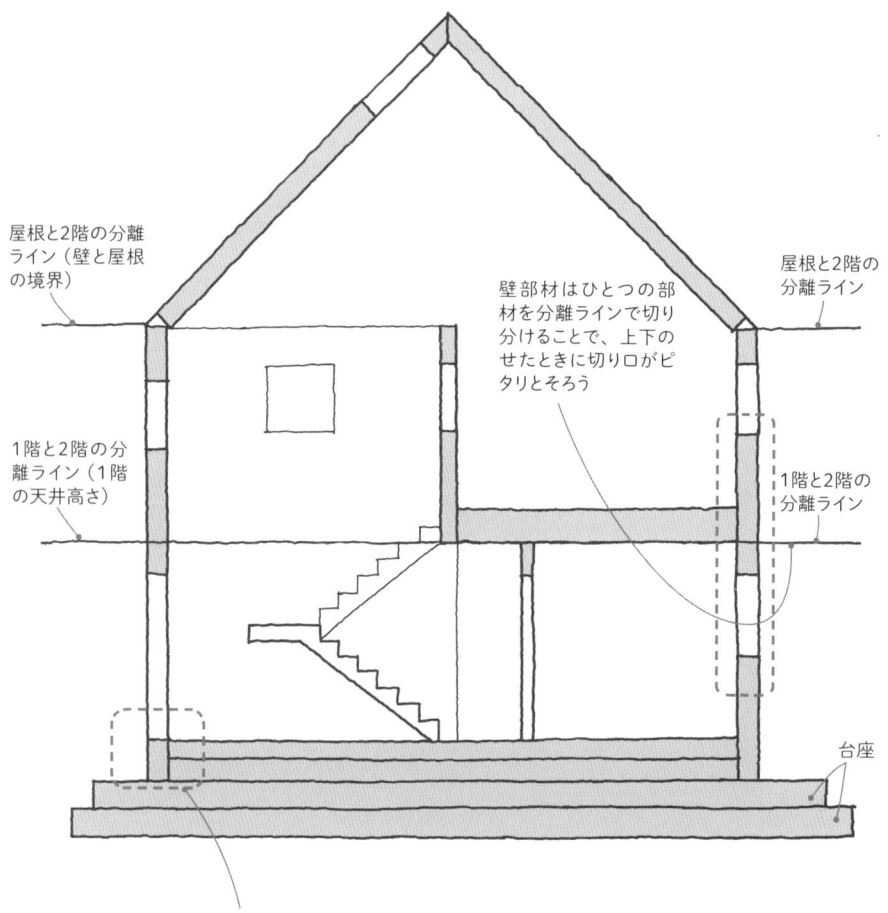

屋根と2階の分離ライン（壁と屋根の境界）

壁部材はひとつの部材を分離ラインで切り分けることで、上下のせたときに切り口がピタリとそろう

屋根と2階の分離ライン

1階と2階の分離ライン（1階の天井高さ）

1階と2階の分離ライン

台座

1階部分の床と壁は壁を優先にして納める

CHAPTER 2　家をつくる

● 分離した状態（概念図）

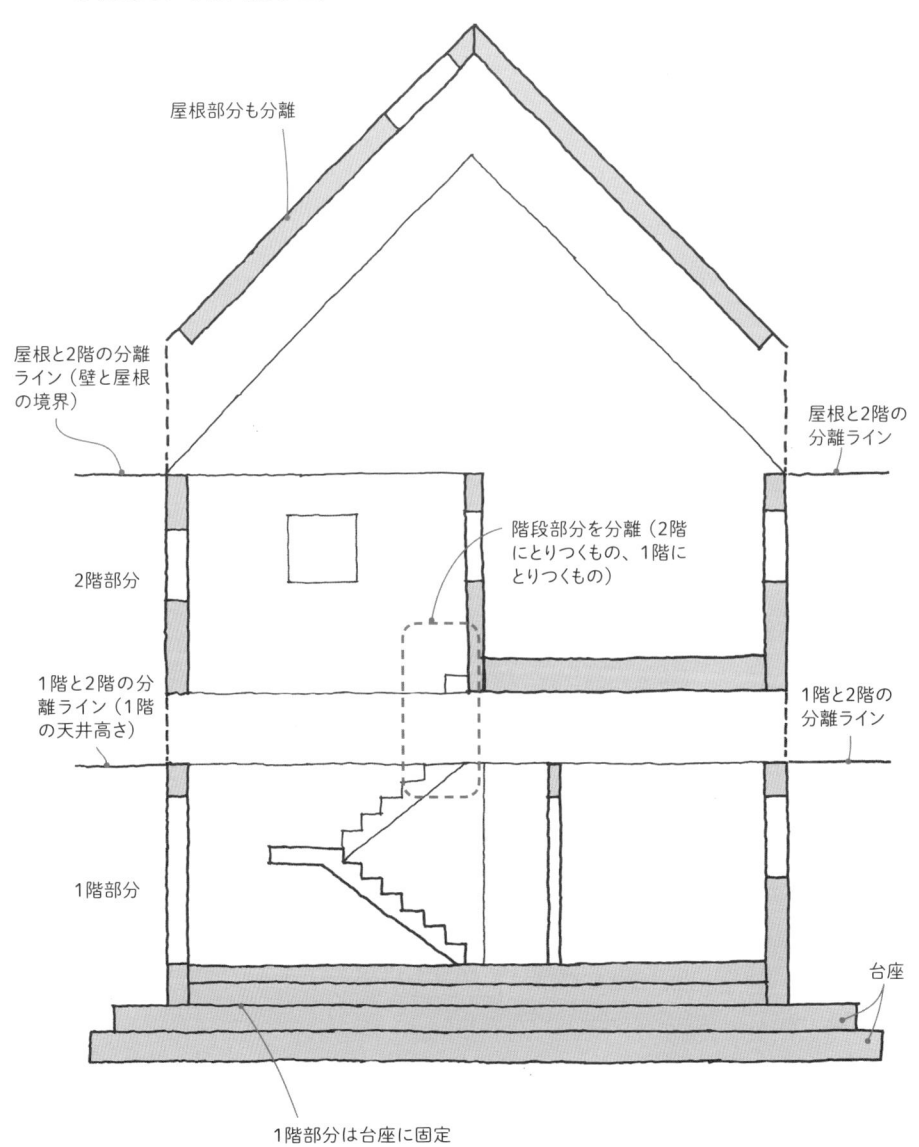

屋根部分も分離

屋根と2階の分離ライン（壁と屋根の境界）

屋根と2階の分離ライン

2階部分

階段部分を分離（2階にとりつくもの、1階にとりつくもの）

1階と2階の分離ライン（1階の天井高さ）

1階と2階の分離ライン

1階部分

台座

1階部分は台座に固定

● **分離する模型を固定する方法**

 2階建て住宅の模型は、屋根部分、2階部分がとりはずせる仕組みでつくる。しかし、持ち運びしたり、保存したりするときには固定されている方が安心である。分離する模型をしっかり固定する方法を説明する。

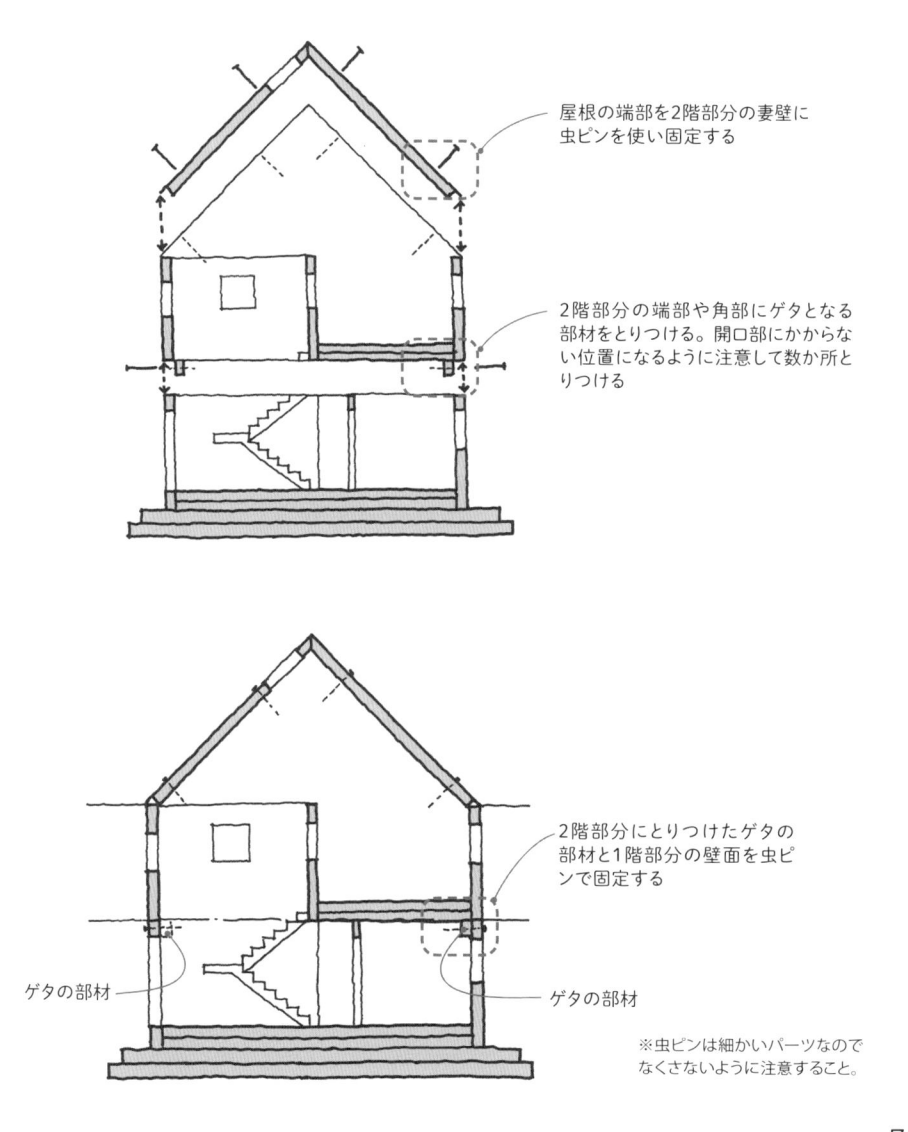

屋根の端部を2階部分の妻壁に虫ピンを使い固定する

2階部分の端部や角部にゲタとなる部材をとりつける。開口部にかからない位置になるように注意して数か所とりつける

2階部分にとりつけたゲタの部材と1階部分の壁面を虫ピンで固定する

ゲタの部材

ゲタの部材

※虫ピンは細かいパーツなのでなくさないように注意すること。

CHAPTER 3
リアリティを与える

1	高低差のある敷地模型をつくる	72
2	色紙でファサードを表現する	74
3	いろいろな開口部の表現	76
4	階段をつくる	78
5	パーゴラをつくる	82
6	家具をつくる	84
7	水まわりをつくる	92
8	人をつくる	94
9	車をつくる	96
10	植栽をつくる	98

1 高低差のある敷地模型をつくる

高低差のある敷地模型をつくるには、地図で見るような等高線（コンター）を利用してつくるのが一般的である。等高線とは、同じ高さ（標高）を地図上で結んだ線のことで、ひと目でその地形がわかるようにあらわしたもの。敷地模型もその等高線を利用してつくるとつくりやすい。

● 斜面地の敷地模型のつくり方

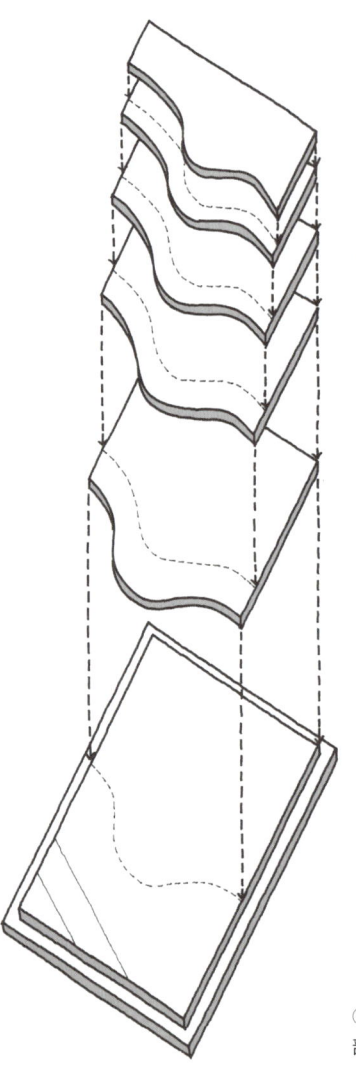

①等高線（コンター）を利用した敷地模型は、高さを設定した厚さのボードを等高線に沿って切りぬいたものを積層する。

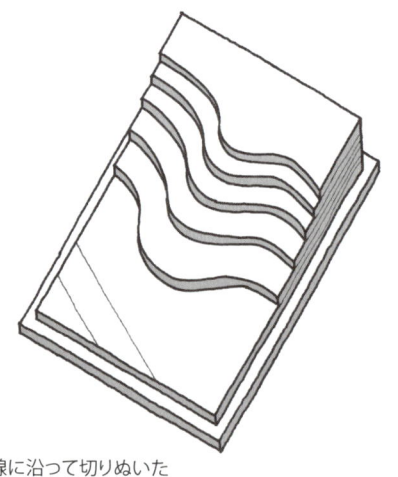

②等高線に沿って切りぬいた部材を重ねて貼り合わせる。

CHAPTER 3　リアリティを与える

● 材料を節約したつくり方

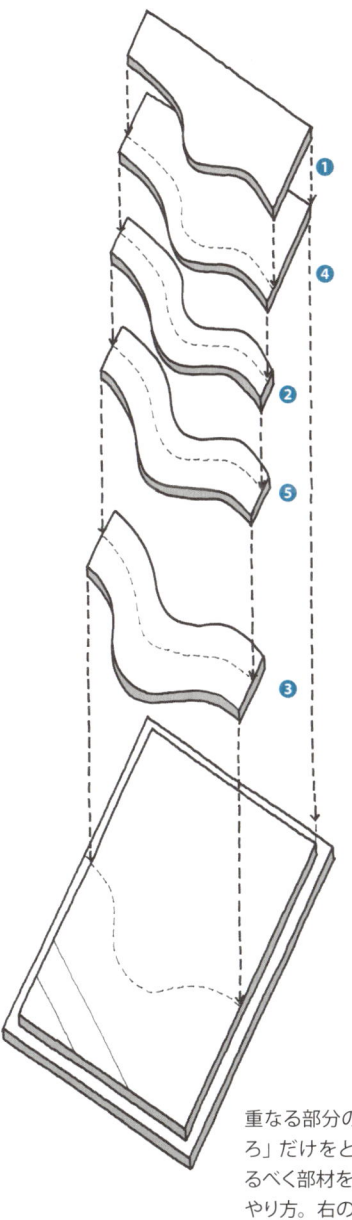

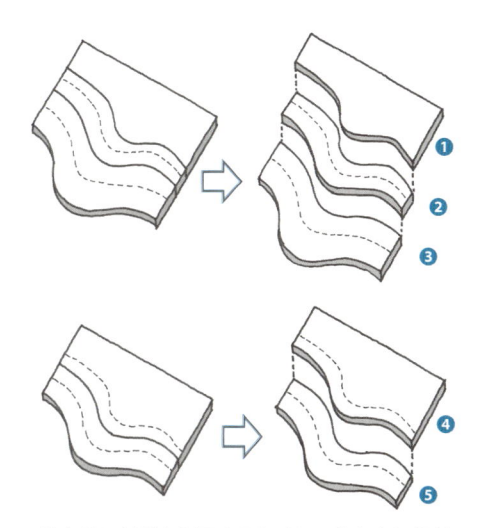

効率的に材料を利用するために1枚おきに部材を切り出す（ボード2枚でつくることができる）。

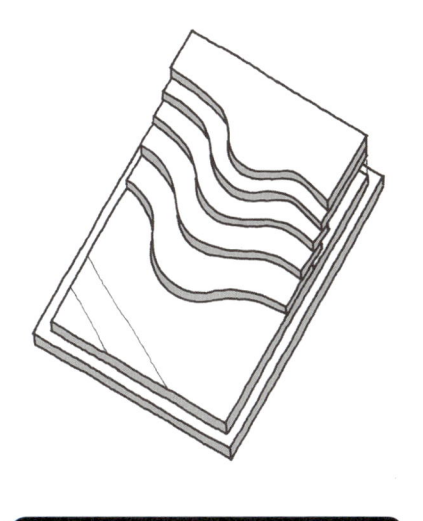

重なる部分の「のりしろ」だけをとって、なるべく部材を節約したやり方。右の写真のように下部が空洞になる。

73

2 色紙でファサードを表現する

縮尺の小さな模型の場合、開口部や屋根のテクスチャーを、部材を切って組み立てて表現するのは、作業が細かくて大変である。簡単な表現として色紙を貼る方法がある。

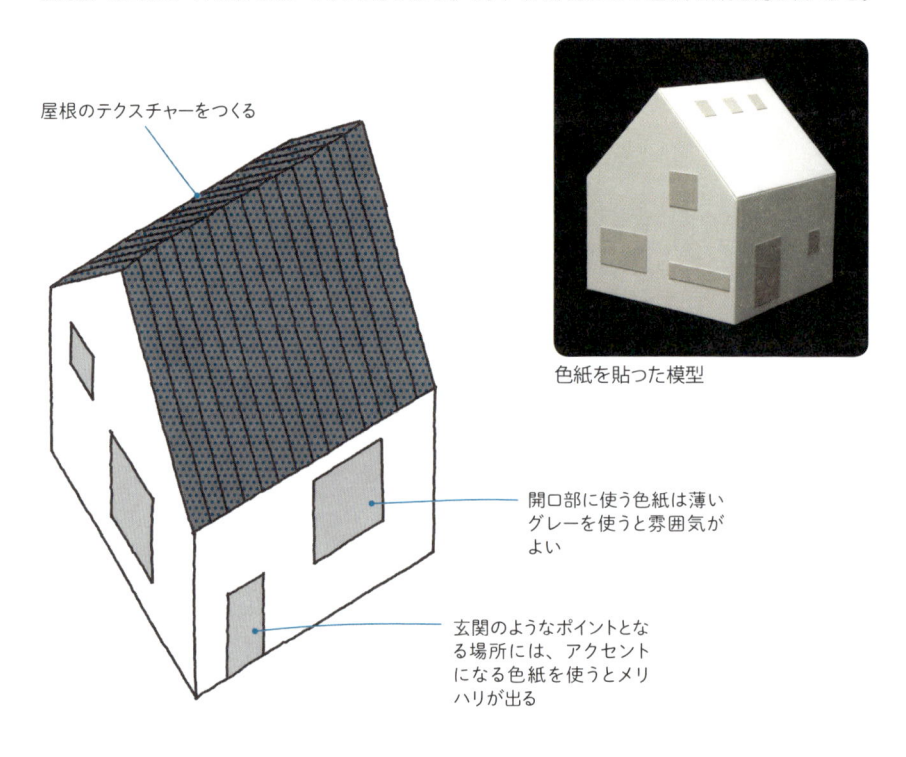

屋根のテクスチャーをつくる

色紙を貼った模型

開口部に使う色紙は薄いグレーを使うと雰囲気がよい

玄関のようなポイントとなる場所には、アクセントになる色紙を使うとメリハリが出る

組み立てる前に色紙の貼りつけを行う。模型を組み立ててからでは貼りにくく効率も悪い。

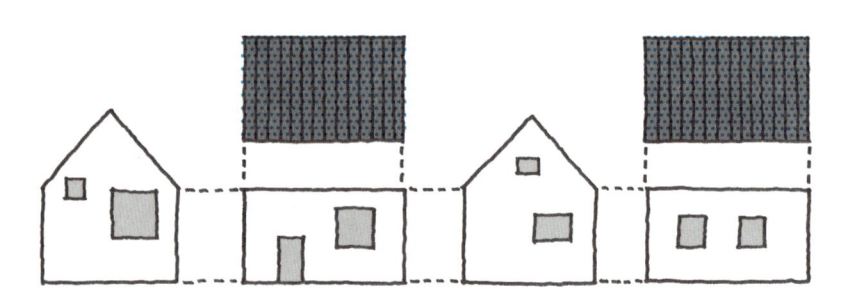

あらかじめ部材に色紙を貼ってから組み立ての作業に入る。

74

CHAPTER 3　リアリティを与える

● 開口部に色紙を貼る方法

壁に開口部の色紙を貼るとき、位置がずれるとかっこわるい。壁の部材を切るとき、型紙に開口部の位置も記しておく。型紙をスチレンボードに貼って、開口部の位置に薄くカッターの切り込み跡をボードにつけておく。そのガイドを目安に貼るだけだ。

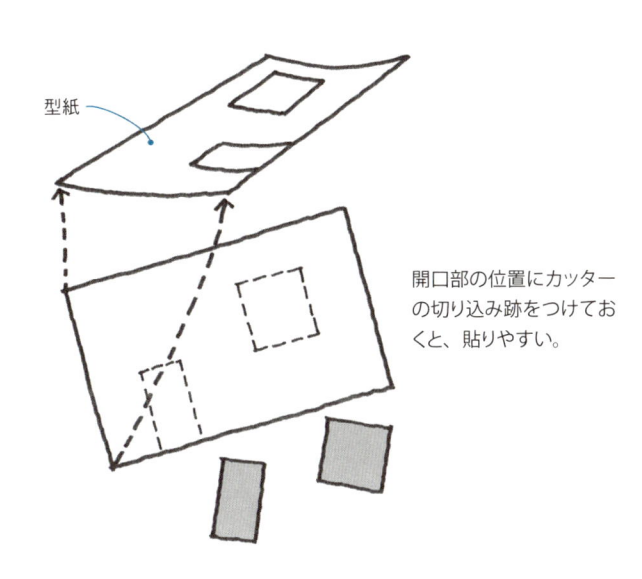

型紙

開口部の位置にカッターの切り込み跡をつけておくと、貼りやすい。

● 色紙を全面に貼る場合

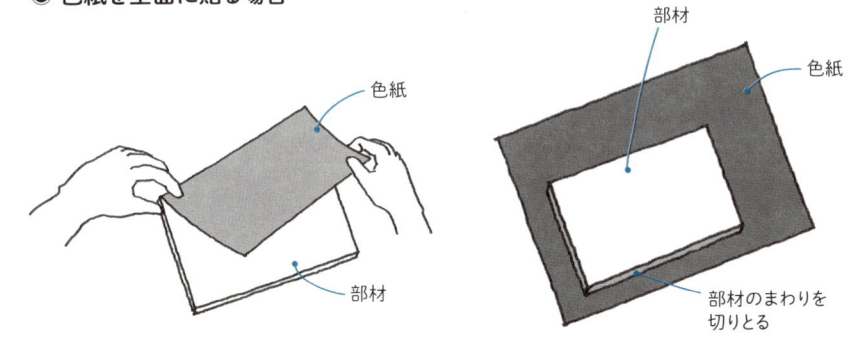

色紙

部材

部材

色紙

部材のまわりを切りとる

色紙と部材を同じ大きさに加工してからきれいに貼るのは誤差が出るので難しい。

大きめの色紙に部材を貼ってから切りぬくとエッジまできれいに貼れる。

3 いろいろな開口部の表現

縮尺1:50程度の模型では、開口部は切りぬいて表現する。その際、開口部の表現には、スチレンボードに色を塗る方法や、塩ビ板を使う方法がある。

● **スチレンボードにマーカーで着色する窓の表現**

まず、壁の部材から開口部の部材を切り出す。その切り出した部材に、着色ペンでガラスを表現してから再び壁部材に戻す。壁部材に戻したときに、壁の表面から少し内側になるように押し込んでとりつける。

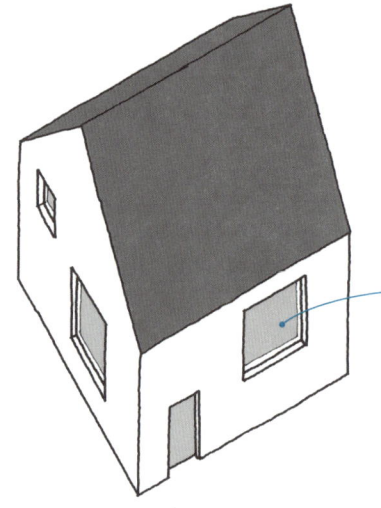

壁部材に戻す開口部の部材は、壁面よりも少し奥にとりつけると、立体感のある表現になる

①開口部の部材を切り出す。

②開口部の部材に、窓枠を表現する切り込みを入れる。着色ペンでムラにならないように素早く塗る。切り込みがエッジとなって塗料がはみ出ない。

③よく乾かす

④元の部材にはめ込む。少し押し込むとそれっぽく見える。

CHAPTER 3 リアリティを与える

● **塩ビ板を使った開口部の表現**

縮尺の大きな模型、大開口部がファサードをつくっている建物などでは、透明なガラスもしっかりと表現しなければならない。型紙を利用して塩ビ板（たとえば 0.3 mm厚）を開口部の大きさに切り出す。サッシはグラフィックテープを枠の表現として使用すると簡単に表情がつくれる。

塩ビ板

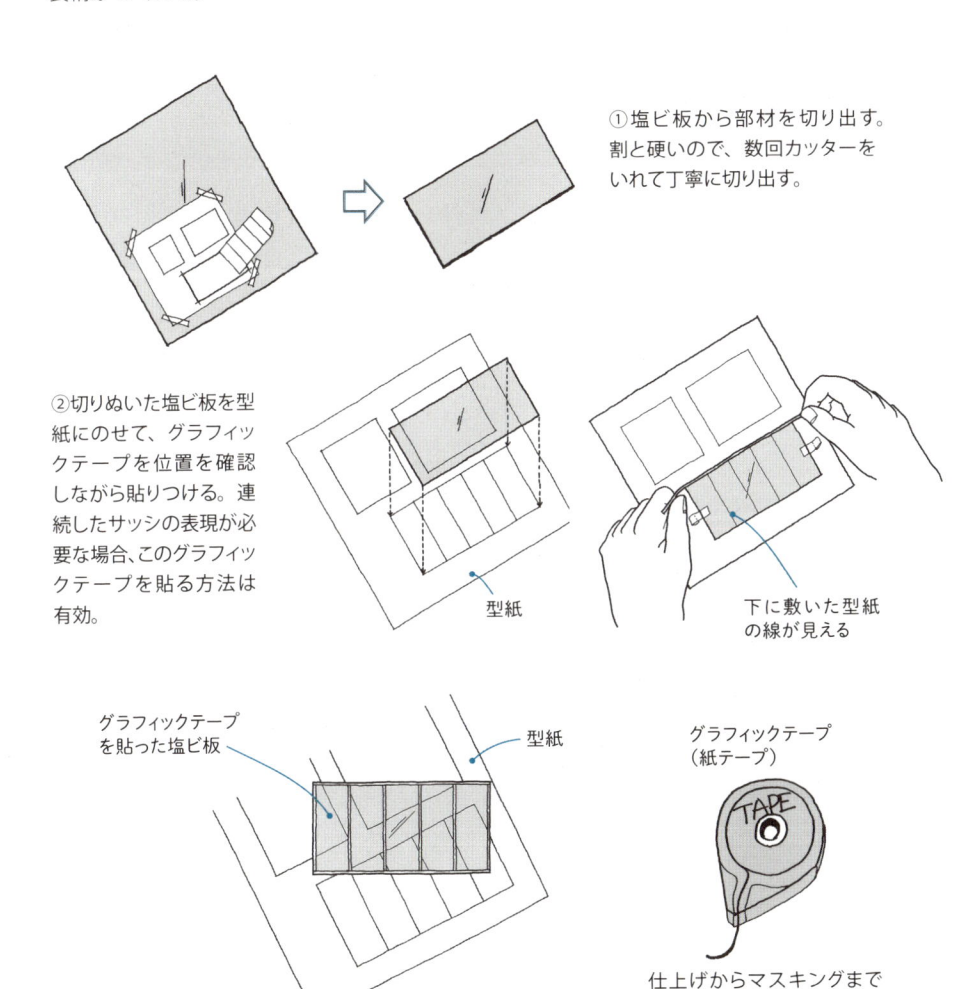

①塩ビ板から部材を切り出す。割と硬いので、数回カッターをいれて丁寧に切り出す。

②切りぬいた塩ビ板を型紙にのせて、グラフィックテープを位置を確認しながら貼りつける。連続したサッシの表現が必要な場合、このグラフィックテープを貼る方法は有効。

型紙

下に敷いた型紙の線が見える

グラフィックテープを貼った塩ビ板

型紙

グラフィックテープ（紙テープ）

仕上げからマスキングまで使える。曲面貼りもできる。

4 階段をつくる

内部空間の大切な要素として、階段がある。階層の異なる空間をつなげるための大切な要素であることはいうまでもない。階段をつくり模型の中にレイアウトすると、ぐっと建築っぽくなり、空間を意識することができる。階段は難しそうなイメージがあるが、コツをつかめば大丈夫。

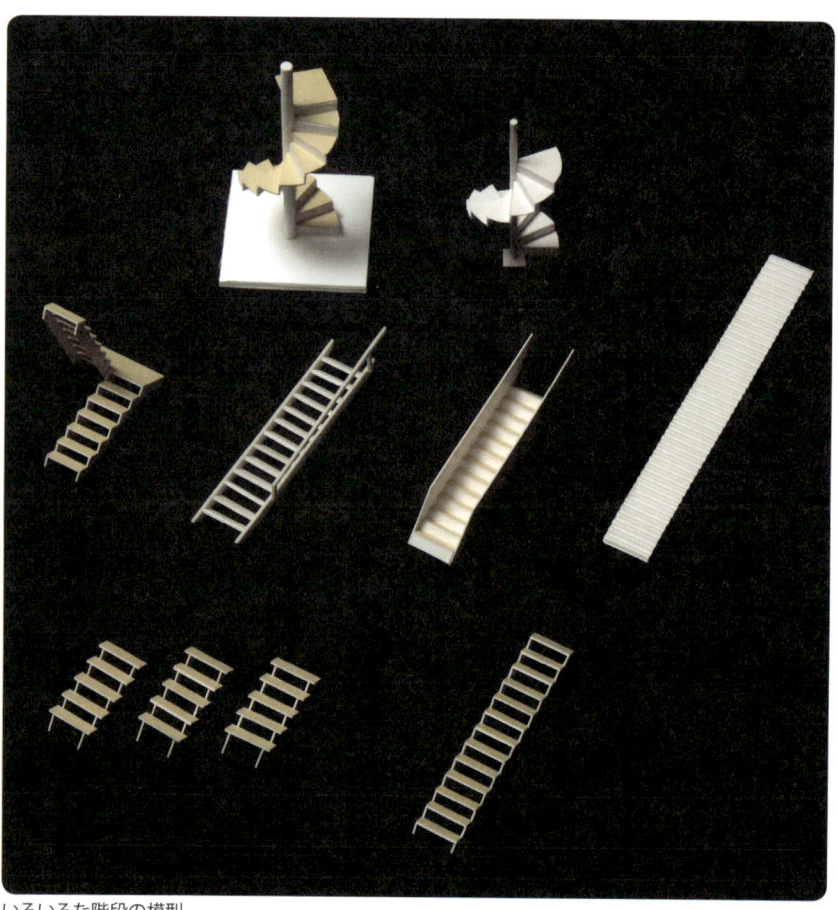

いろいろな階段の模型

78

CHAPTER 3　リアリティを与える

階段をつくるには、実物と同様に、踏板とささら桁の部材を用意する。下図はスノーマット紙を使った蹴込み板のない階段。巻末の付録に簡単な型紙を用意した。基本的なつくり方は一緒なので、必要な形にカスタマイズしていろいろ試してほしい。

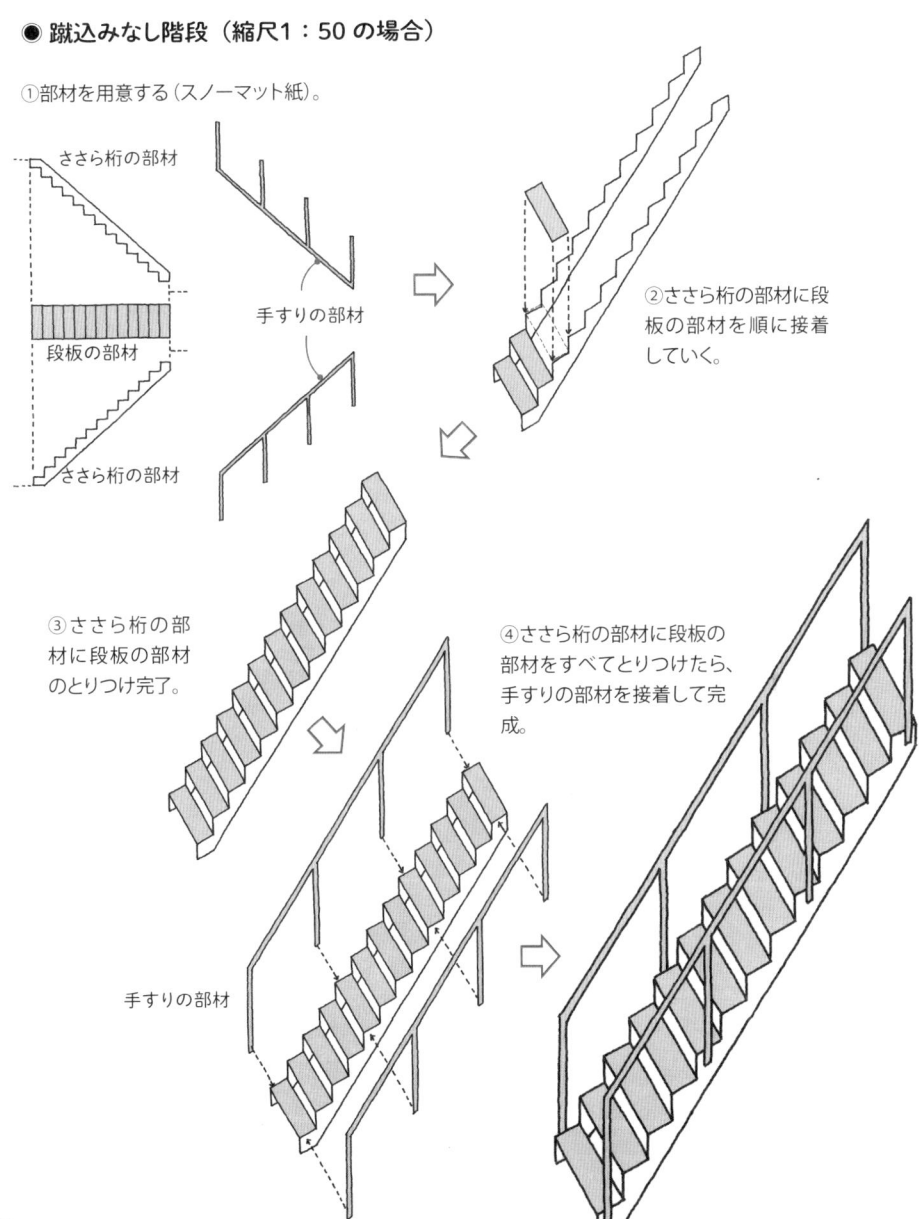

● **蹴込みなし階段（縮尺1：50の場合）**

①部材を用意する（スノーマット紙）。

ささら桁の部材

段板の部材

ささら桁の部材

手すりの部材

②ささら桁の部材に段板の部材を順に接着していく。

③ささら桁の部材に段板の部材のとりつけ完了。

④ささら桁の部材に段板の部材をすべてとりつけたら、手すりの部材を接着して完成。

手すりの部材

79

● **蹴込みあり階段（縮尺1：50の場合）**

①部材を用意する（スノーマット紙）。

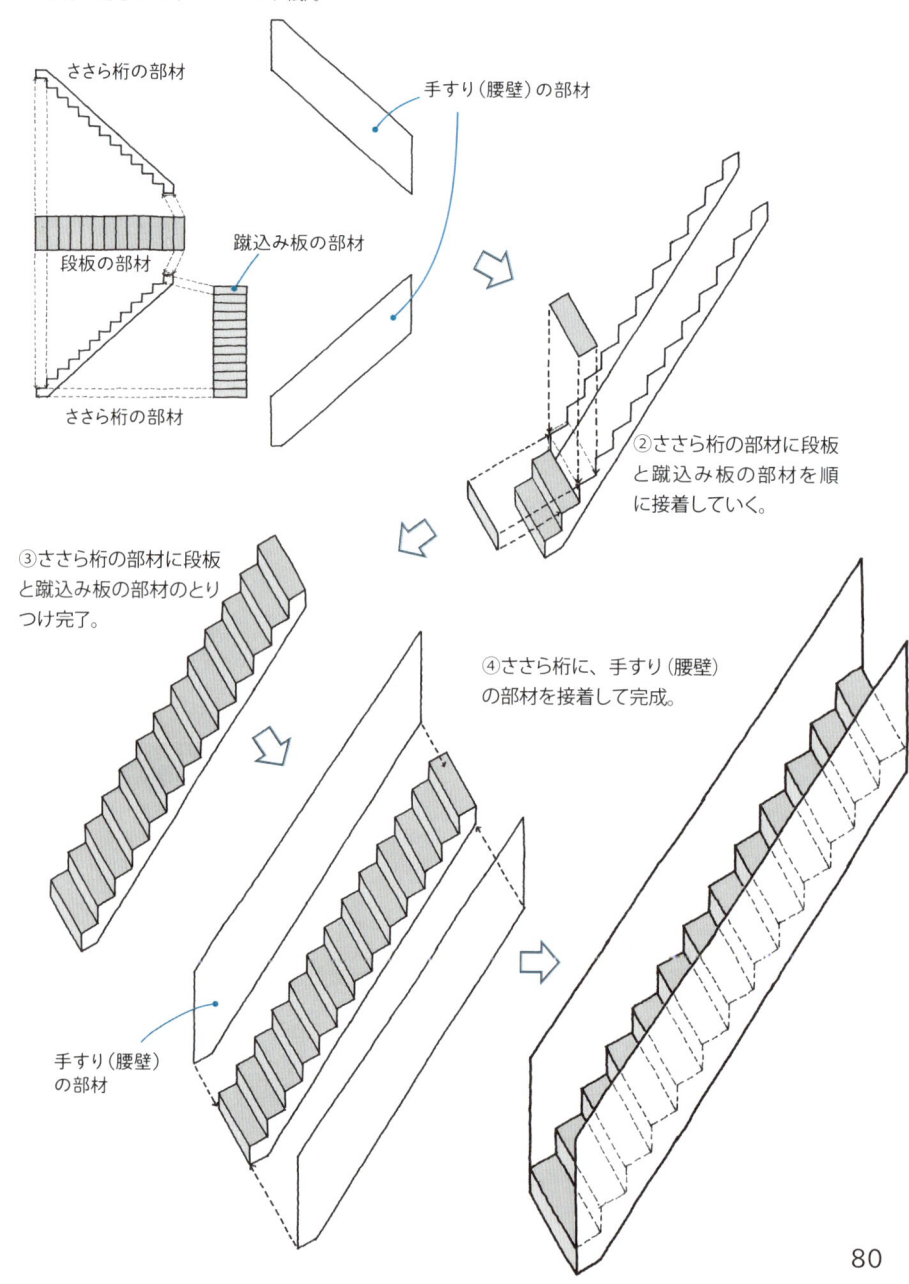

ささら桁の部材

手すり（腰壁）の部材

段板の部材

蹴込み板の部材

ささら桁の部材

②ささら桁の部材に段板と蹴込み板の部材を順に接着していく。

③ささら桁の部材に段板と蹴込み板の部材のとりつけ完了。

④ささら桁に、手すり（腰壁）の部材を接着して完成。

手すり（腰壁）の部材

80

CHAPTER 3　リアリティを与える

● 折り返し階段（縮尺1：50の場合）

①部材を用意する（スノーマット紙）。

ささら桁の部材
段板の部材
踊り場の部材
ささら桁の部材
段板の部材

段板の部材
ささら桁の部材
段板の部材

②ささら桁の部材に段板の部材をゆがまないようにとりつける。

③折り返し階段の折り返し側のささら桁同士を接着する。

④踊り場の部材をとりつけて完成。

81

5 パーゴラをつくる

パーゴラなどのアイテムを模型に添えると、ぐっと繊細さが出てくる。細かい作業に見えるが、38 頁でつくり方を紹介した同じ長さ・幅の棒材を根気よく並べていく。

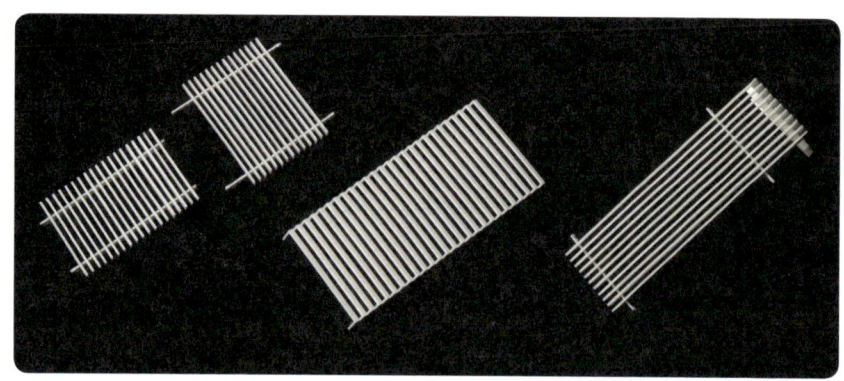

材料はスチレンボードやスノーマット紙など。

● パーゴラのつくり方

①同じ長さ・幅の棒材をつくる。このとき棒と棒の間隔を均等に保つ同じ長さの棒材（隙間材）をつくっておく（つくり方は 38 頁参照）。

②スチレンボードで棒材を並べる型枠をつくる。型枠は棒材を切り出した残りの部材が使えれば、それを流用してもよい。

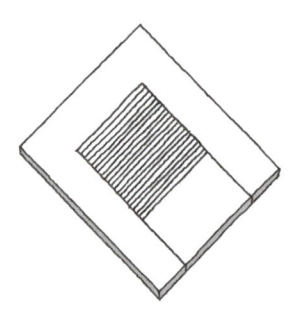

棒材を型枠に並べていく。このとき棒と棒の間に「隙間材」をいれる。まわりを固定する型枠があると棒材が動かないのできれいに並べられる。

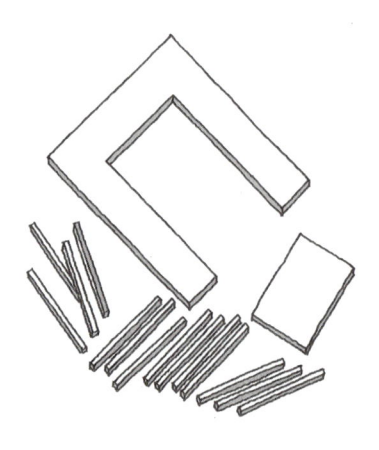

CHAPTER 3　リアリティを与える

③型枠にパーゴラ部材と隙間材を交互に並べていく。建築工事の実際の現場でも、デッキの目地を調整するときに、このように間隔を均一にする部材を使っている。あまり強く押しつけると棒材がゆがむので気をつける。

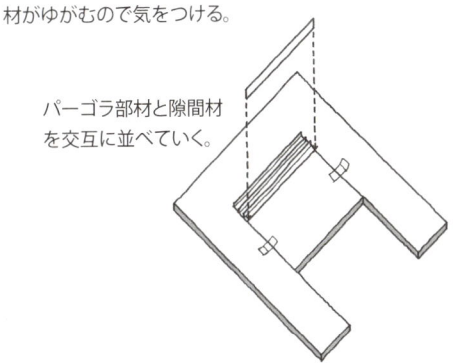

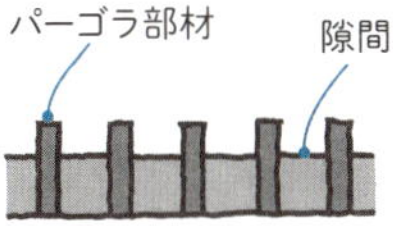

パーゴラ部材と隙間材を交互に並べていく。

パーゴラ部材　隙間材

隙間材とパーゴラ部材は高さを変えておくと、後で固定部材を接着するときに隙間材がくっつかない。

④パーゴラ部材を安定させる固定部材を接着剤でとりつける。

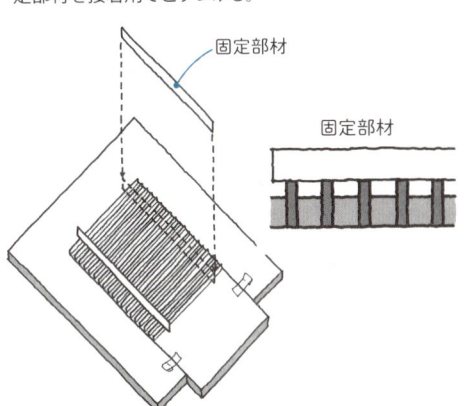

固定部材

固定部材

⑤接着・固定されたら型枠からとり出す。

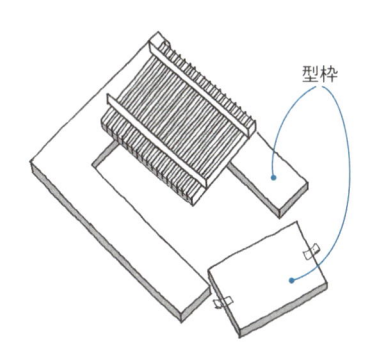

型枠

⑥隙間材を慎重にとりはずして完成。

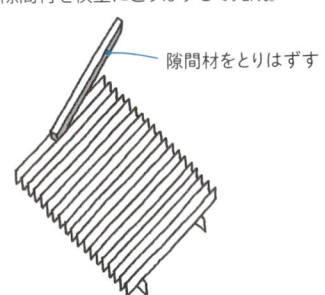

隙間材をとりはずす

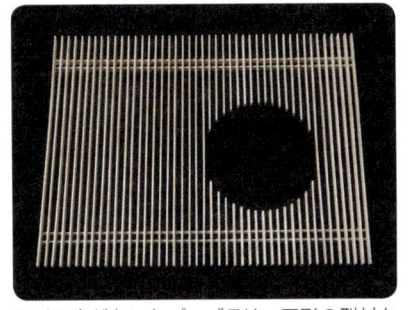

円形の穴があいたパーゴラは、円形の型材を固定し、材料を並べていく。

83

6 家具をつくる

模型の内部に、家具など生活のシーンを想像させるものをいれると、空間がよりイメージしやすくなる。1：200 や 1：100 のスケールの小さい模型の場合、家具はつくるのは難しく、また模型そのものに内観を見せる役割がないため、家具をつくることはあまりない。1：50、1：30 の模型では、家具を設置して生活のイメージがわくようにする。

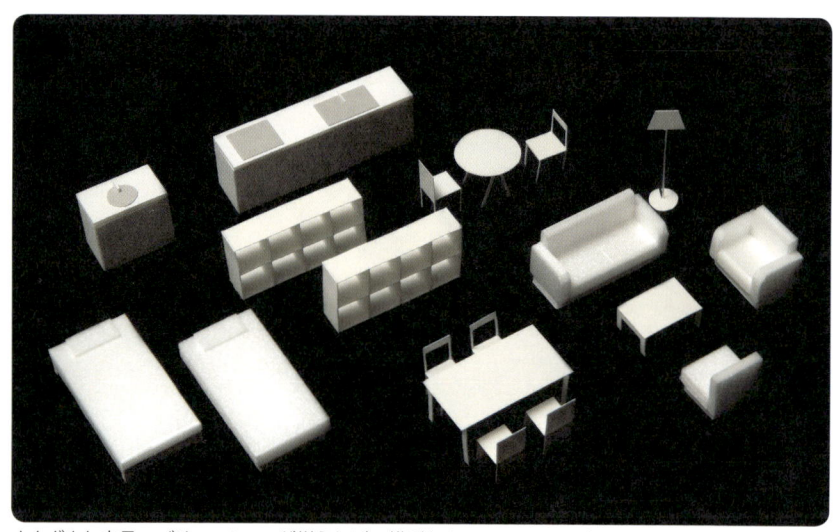

さまざまな家具。バリエーションが増えれば、模型もぐっとリアリティが高まる。

3つの部材から簡単なソファのできあがり！

家具は、生活のシーンを伝えるためのひとつの記号のようなものと考える。あまり時間もかけたくないというのが実際の製作現場での本音でもある。巻末に一般的な住宅模型に使える家具の型紙を用意している。そのまま使用しても、アレンジしてもよい。

家具のある模型の内部写真

CHAPTER 3　リアリティを与える

● イスをつくる

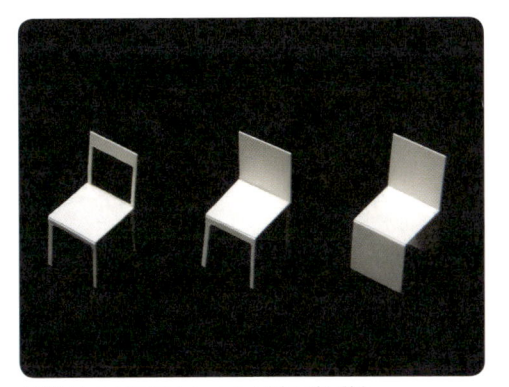

材料はケント紙やスノーマット紙などを使う。

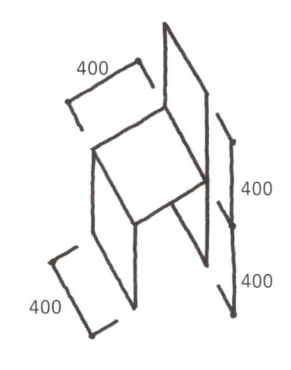

一般的なダイニング用のイスの寸法

つくり方（縮尺 1：50 の場合）

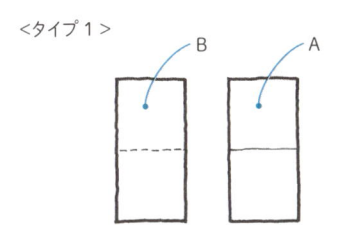

<タイプ1>

① 2つの部材を切り出す。折り曲げるために点線部にカッターの背で筋をつける。

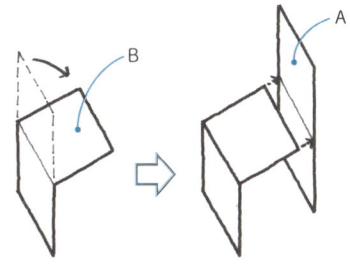

② B部材を90度に折り曲げて、木工用ボンドで接着して完成。

<タイプ2>

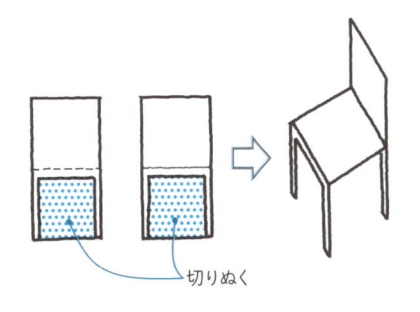

切りぬく

<タイプ3>

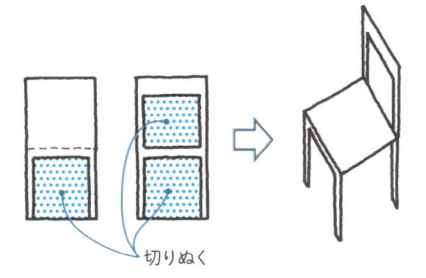

切りぬく

85

● ダイニングテーブルをつくる

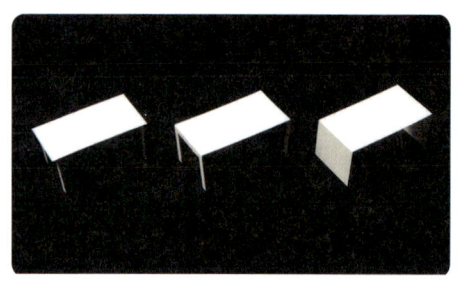

材料はケント紙やスノーマット紙などを使う。

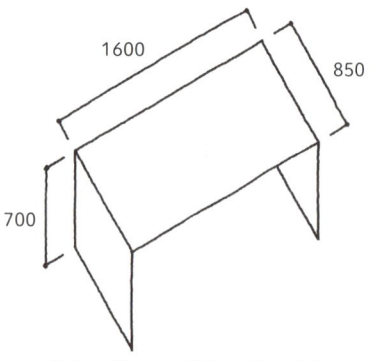

一般的なダイニングテーブルの寸法
1600
850
700

つくり方（縮尺1：50の場合）

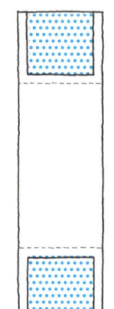

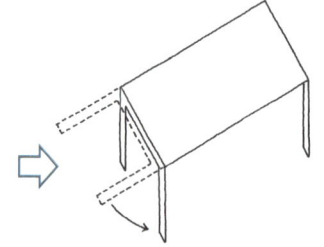

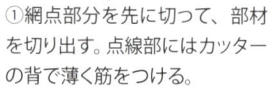

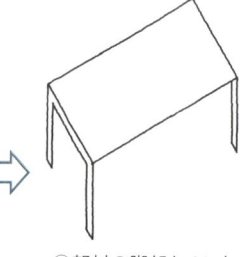

<タイプ1>

①網点部分を先に切って、部材を切り出す。点線部にはカッターの背で薄く筋をつける。

②部材の脚部を90度に折り曲げて完成。

<タイプ2>

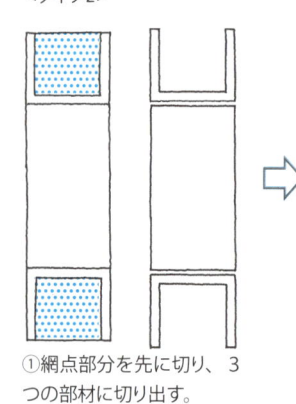

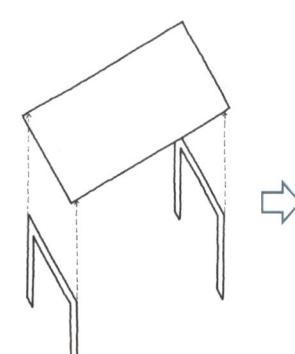

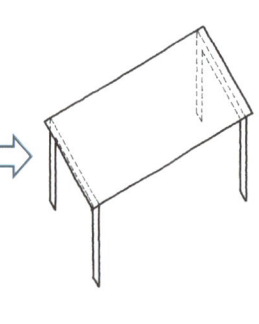

①網点部分を先に切り、3つの部材に切り出す。

②部材の脚部を木工用ボンドで貼りつけて完成。

CHAPTER 3　リアリティを与える

● ラウンドテーブルをつくる

材料はケント紙やスノーマット紙などを使う。

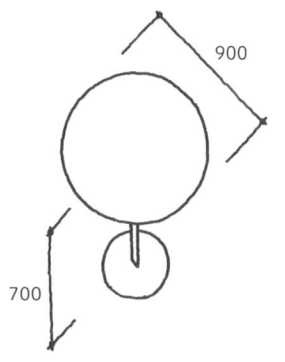

900
700
一般的なラウンドテーブルの寸法

つくり方（縮尺1：50の場合）

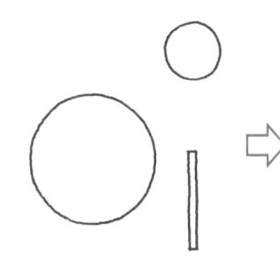

<タイプ1>

①天板、脚、底板になる3つの部材を切り出す。

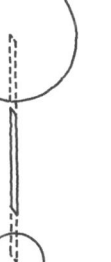

②上下の部材に脚部を木工用ボンドで貼りつけて完成。

<タイプ2>

①天板と脚になる3つの部材を切り出す。

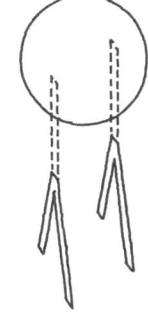

②天板に脚部を木工用ボンドで貼りつけて完成。

● ベッドをつくる

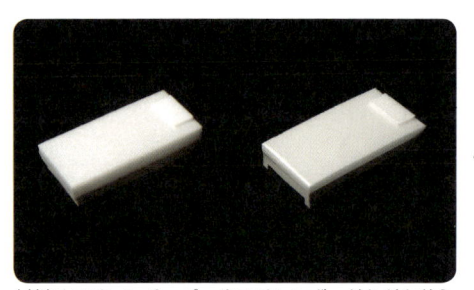

材料はスチレンペーパーやスチレンボードなどを使う。

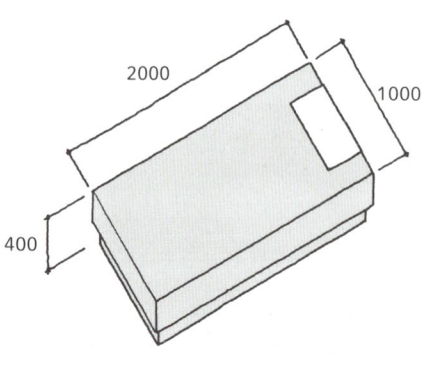

一般的なシングルベッドの寸法

つくり方（縮尺1：50 の場合）

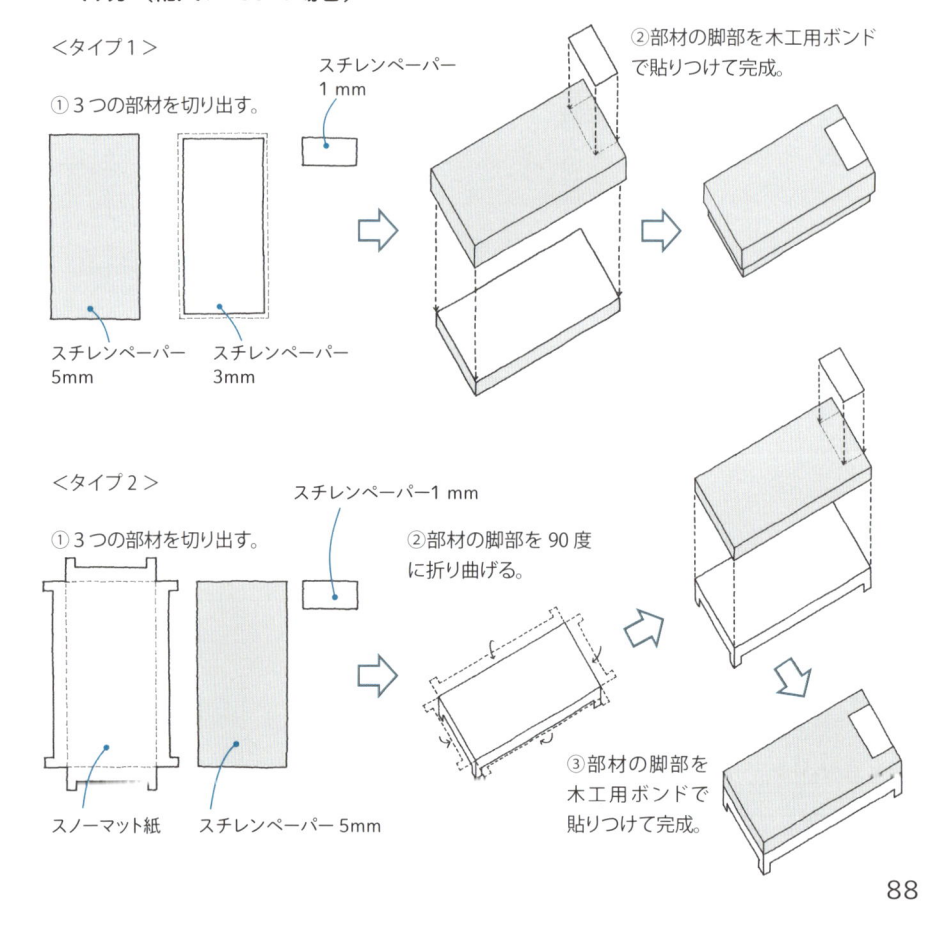

<タイプ1>

① 3つの部材を切り出す。

スチレンペーパー 1 mm

スチレンペーパー 5mm

スチレンペーパー 3mm

② 部材の脚部を木工用ボンドで貼りつけて完成。

<タイプ2>

① 3つの部材を切り出す。

スチレンペーパー1 mm

スノーマット紙

スチレンペーパー 5mm

② 部材の脚部を 90 度に折り曲げる。

③ 部材の脚部を木工用ボンドで貼りつけて完成。

88

CHAPTER 3　リアリティを与える

● ソファをつくる

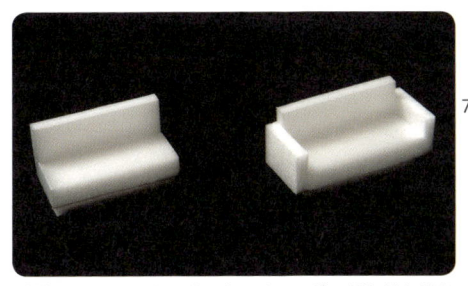

材料はスチレンペーパーやスチレンボードなどを使う。

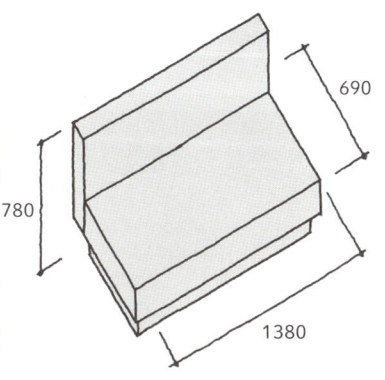

一般的なソファの寸法　690　780　1380

つくり方（縮尺1：50の場合）

① 3つの部材を切り出す。

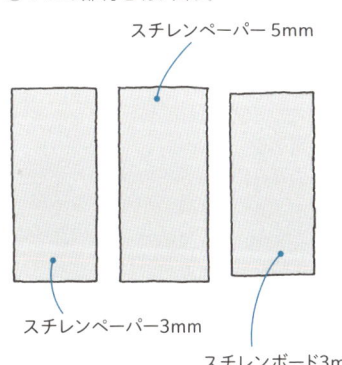

スチレンペーパー 5mm
スチレンペーパー3mm
スチレンボード3mm

②部材の脚部を木工用ボンドで貼りつけて完成。

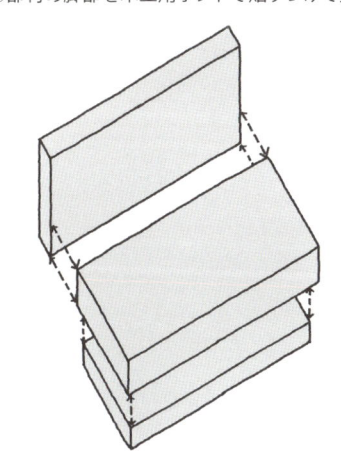

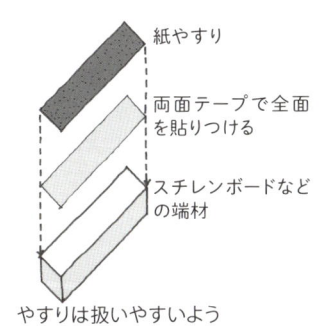

紙やすり
両面テープで全面を貼りつける
スチレンボードなどの端材

やすりは扱いやすいよう端材につける

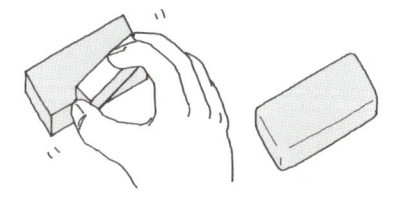

角を丸めるように、紙やすりをかけるとやわらかい雰囲気となる。

89

● リビングセットをつくる

材料は、テーブルにはケント紙やスノーマット紙など、ソファにはスチレンペーパーやスチレンボードを使う。

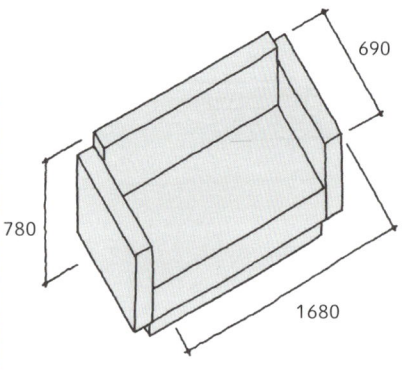

一般的な肘掛けつきソファの寸法

つくり方（縮尺1：50の場合）

① 5つの部材を切り出す。

スチレンペーパー 5mm
スチレンボード3mm
スチレンペーパー 5mm
スチレンペーパー3mm

② 部材の脚部と肘掛けを木工用ボンドで貼りつけて完成。

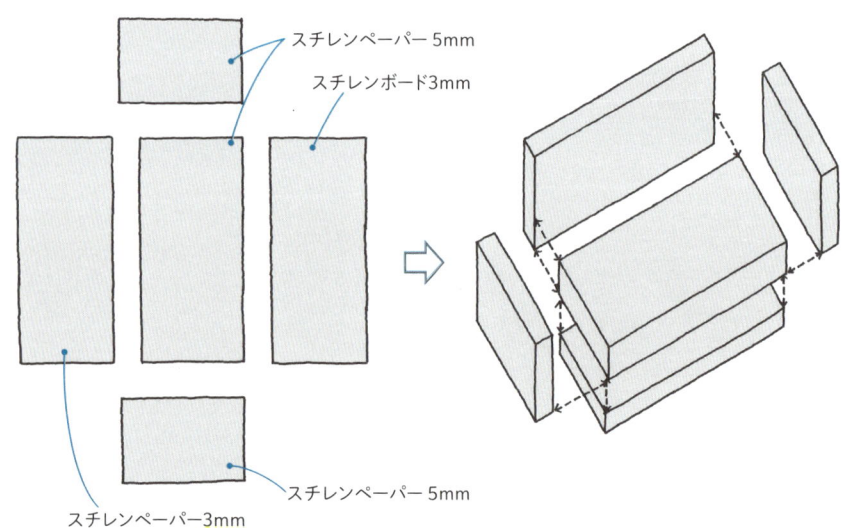

CHAPTER 3 リアリティを与える

● **収納をつくる**

背板のつかないオープンな収納棚をつくろう。
背板のない収納棚は、間仕切りにもなり、もちろん壁面にも沿わせるように設置できる。
縮尺により、ケント紙やスノーマット紙でつくる。

材料はケント紙やスノーマット紙などを使う。

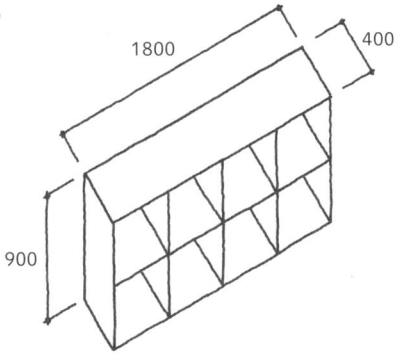

収納棚の寸法例（1800 × 400 × 900）

つくり方（縮尺1:50 の場合）

①材料から型紙を使い部材を切り出す。

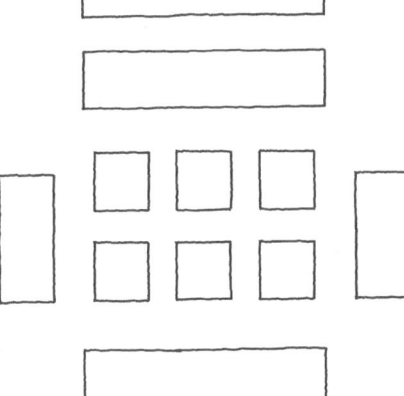

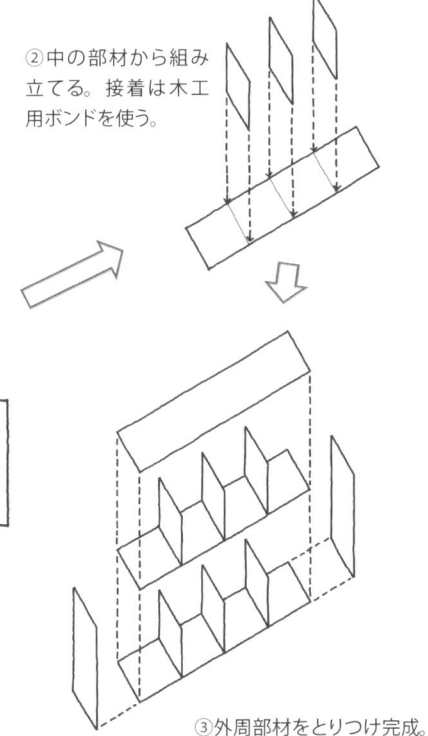

②中の部材から組み立てる。接着は木工用ボンドを使う。

③外周部材をとりつけ完成。

91

7 水まわりをつくる

写真のキッチンは、シンクとコンロ部分は色紙を貼って表現している。縮尺が、より大きい模型は、シンク部分を切りぬき、裏から色紙を貼ると立体感が出る。

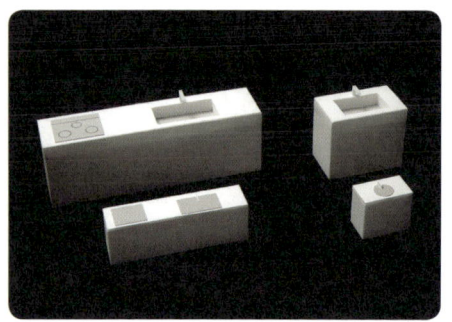

材料はスチレンボードと色紙を使う。

● **キッチンのつくり方（縮尺1：50 の場合）**

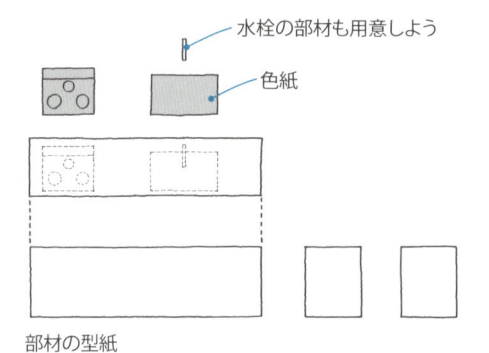

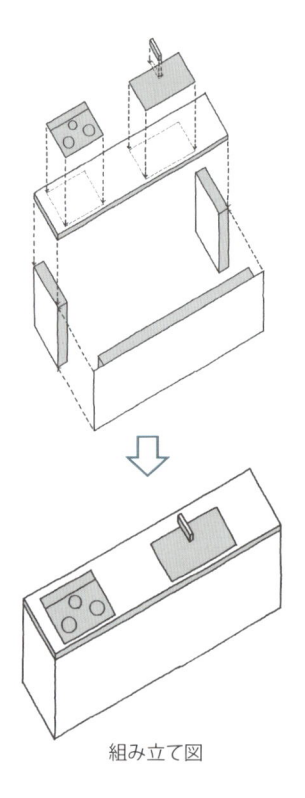

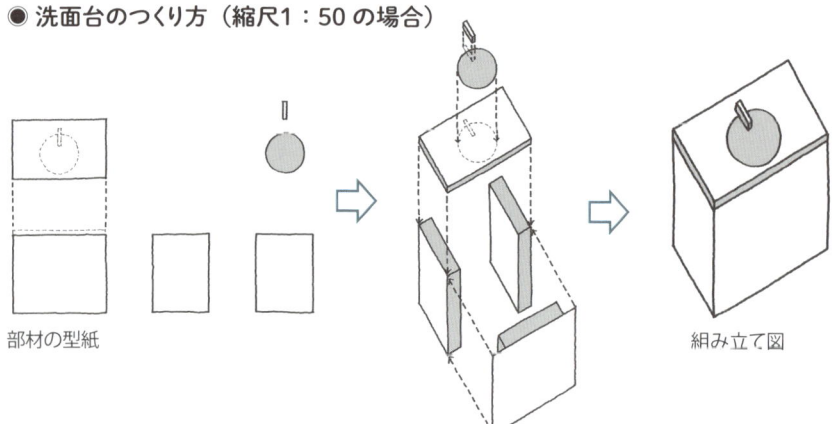

水栓の部材も用意しよう
色紙

部材の型紙

組み立て図

● **洗面台のつくり方（縮尺1：50 の場合）**

部材の型紙

組み立て図

92

CHAPTER 3　リアリティを与える

● **家電をつくる（縮尺1：50の場合）**
冷蔵庫や洗濯機のような家電類は、ボックスのボリュームであらわす。型紙から部材を切り出し、1枚残しの加工を行い接着するが、壁に接して置く場合は、背面の部材は省略できる。

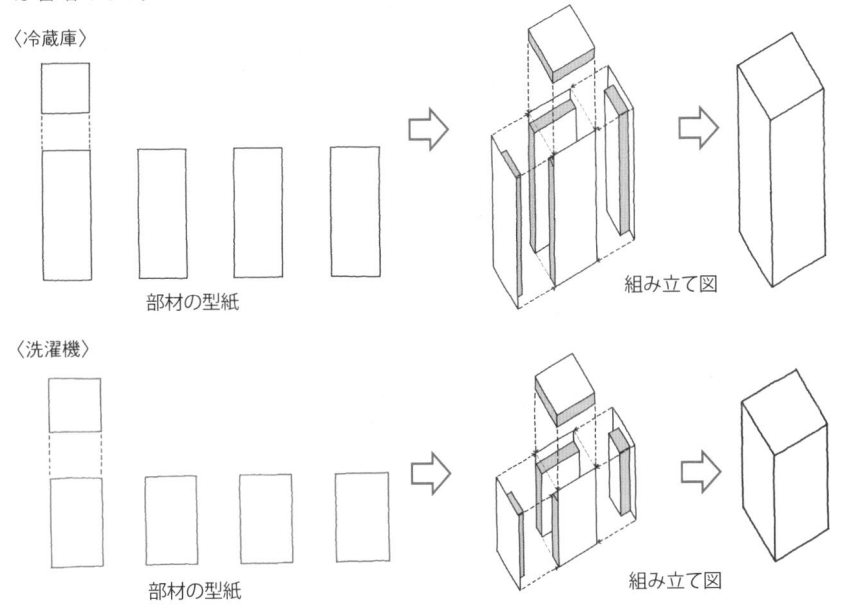

〈冷蔵庫〉

部材の型紙　　　　　　　組み立て図

〈洗濯機〉

部材の型紙　　　　　　　組み立て図

● **トイレのつくりかた（縮尺1：50の場合）**
タイプ1は、スチレンボードで平面の部材と高さの部材を切りぬき、接着したものである。タイプ2はスチレンペーパーを組み合わせて接着し、トイレの形に紙やすりで削り出したもの。縮尺が、より大きな模型の場合はタイプ2を採用するとよい。

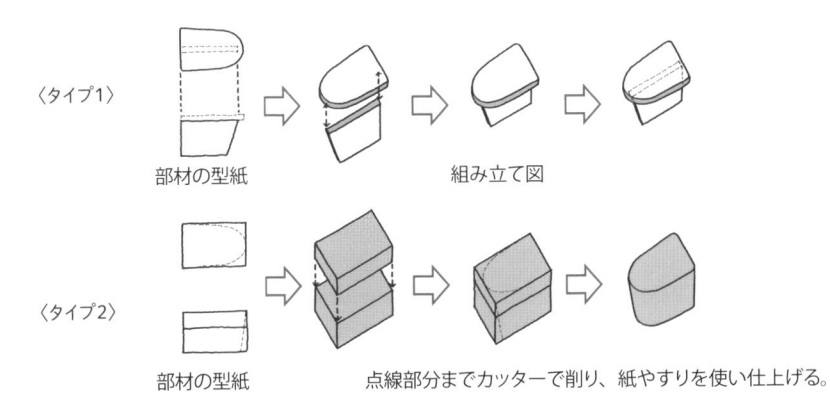

〈タイプ1〉

部材の型紙　　　　組み立て図

〈タイプ2〉

部材の型紙　　　点線部分までカッターで削り、紙やすりを使い仕上げる。

93

8 人をつくる

模型には必ず人をいれる習慣をつけよう。スケールがわかるし生活感も出る。

リアルな表現ができる切りぬきの人型の添景（その建物にふさわしい行動の人型をつくることで、よりわかりやすくなる）。この写真は縮尺 1：30 くらいのイメージ。

● **縮尺に合わせた人の表現**

縮尺 1：50 程度。簡略化した人型を紙でつくる。

大きな縮尺（1：30 以上）では、ある程度人のプロポーションや動作などがわかるようにつくる。

縮尺 1：100 では紙のほか、市販のプラスチックの人型模型を使う場合もある。

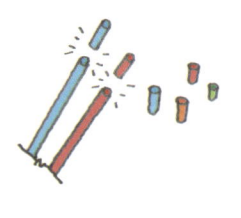

小さい縮尺のときは、色がついたアクリルの棒材などをカットしたものをイメージとして使う。

CHAPTER 3　リアリティを与える

人をいれないとスケールがわからない。

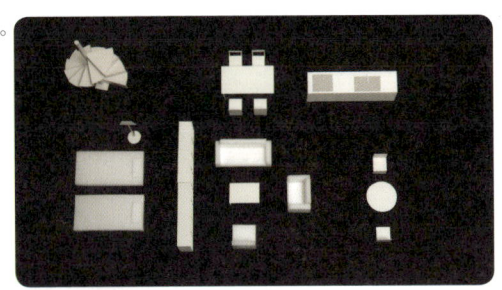

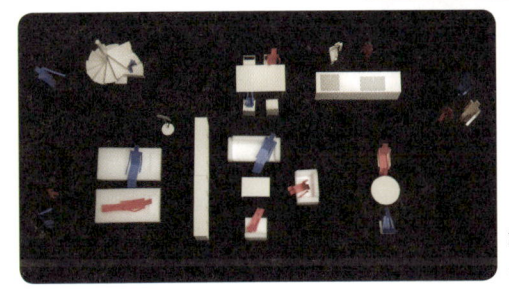

添景（家具や人）をいれると、模型がぐっとスケール感をおびてくる。

縮尺 1：50 の人の表現

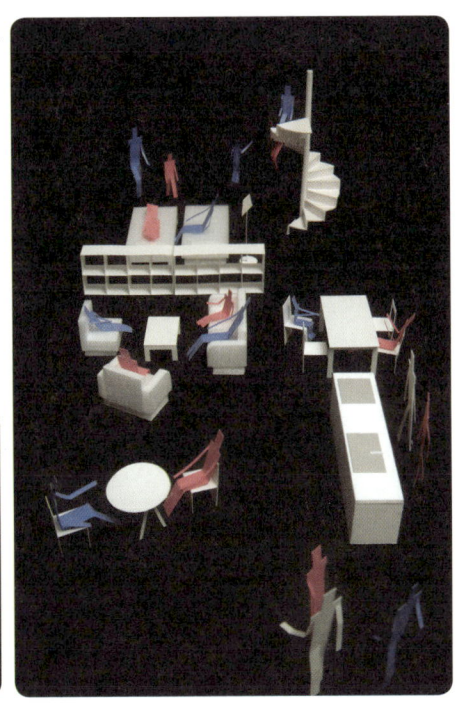

色紙やいろいろなテクスチャーの素材を使うと楽しい雰囲気になる。

9 車をつくる

車は、曲線が多く一見難しそうだが、適宜形を省略してもそれらしく見える。また、スチレンペーパーを重ねて紙やすりをかけると、曲面がつくりやすい。

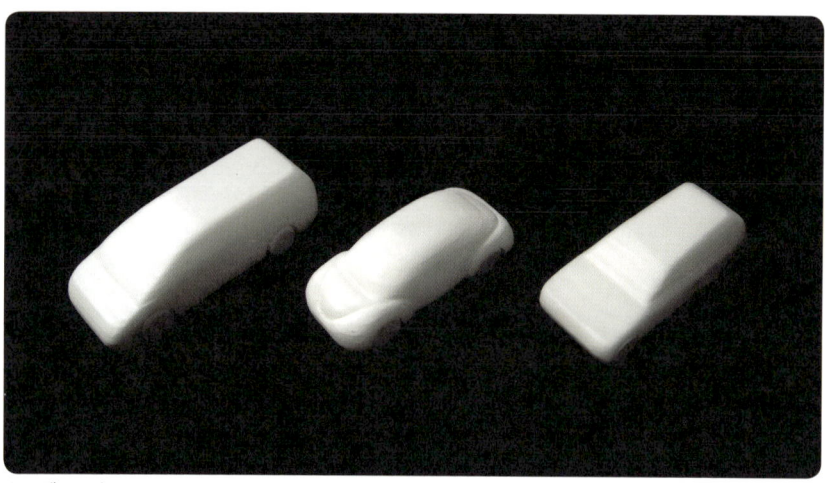

さまざまな車の形

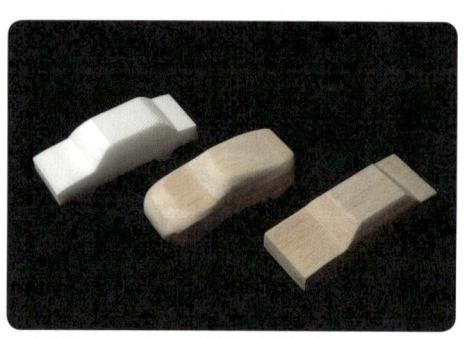

バルサ材を使った車の模型。材料を積層して削り出してつくる。バルサ材でも紙やすりをかけると、曲面はつくりやすい。

● 縮尺による表現の仕方の違い

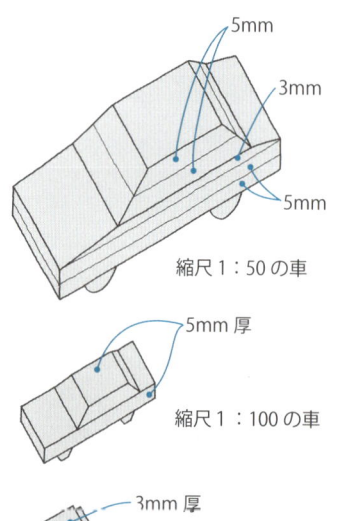

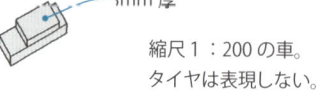

5mm
3mm
5mm

縮尺 1：50 の車

5mm 厚

縮尺 1：100 の車

3mm 厚

縮尺 1：200 の車。タイヤは表現しない。

96

CHAPTER 3　リアリティを与える

● スチレンペーパーを使った車のつくり方（縮尺 1：50 程度のイメージ）

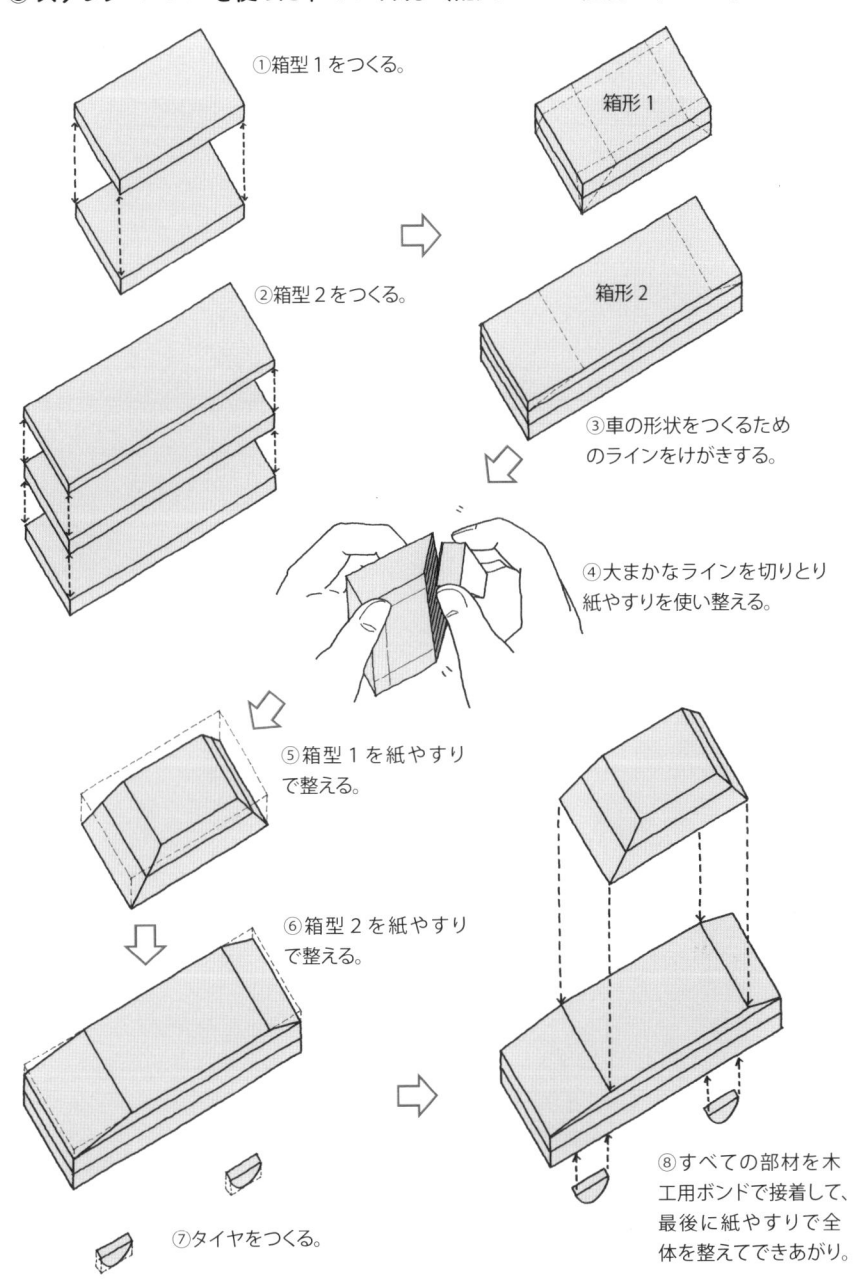

①箱型 1 をつくる。

箱形 1

②箱型 2 をつくる。

箱形 2

③車の形状をつくるためのラインをけがきする。

④大まかなラインを切りとり紙やすりを使い整える。

⑤箱型 1 を紙やすりで整える。

⑥箱型 2 を紙やすりで整える。

⑦タイヤをつくる。

⑧すべての部材を木工用ボンドで接着して、最後に紙やすりで全体を整えてできあがり。

97

10 植栽をつくる

樹木、植栽についてはいろいろな材料、つくり方があるが、個人的には軽く、さわやかな印象のある「かすみ草のドライフラワー」を使うのがおすすめ。多様な色が販売されているが、自分で着色もできる。

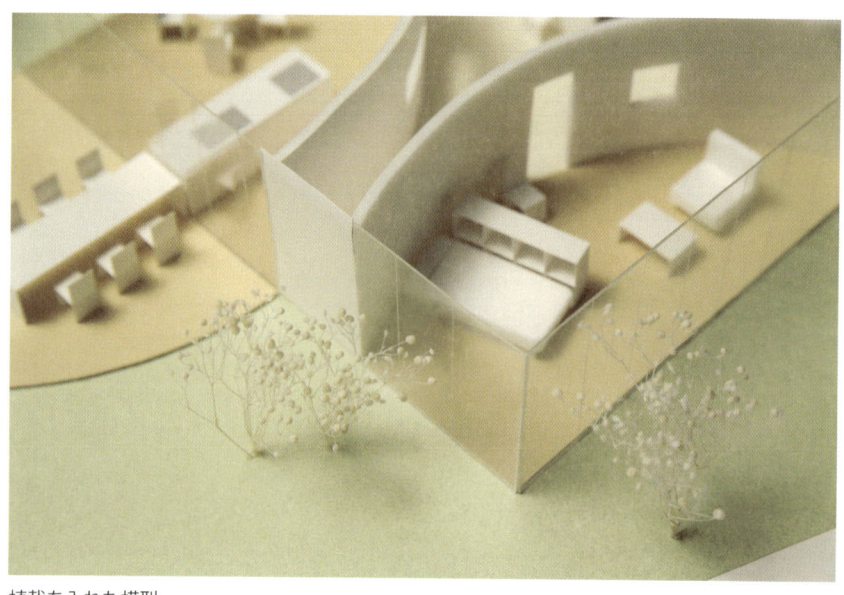

植栽を入れた模型

かすみ草のドライフラワーは画材店や手芸店などで扱っており、写真のように束で販売されている。触ってみてしっかりとした強度があるもの、枝ぶりのきれいなものを選ぶとよい。

98

CHAPTER 3　リアリティを与える

● **かすみ草のドライフラワーを使った植栽のつくり方**

①かすみ草の束から1本とり出す。

②その中から枝ぶりのよいところを3カ所ほど切りとる。

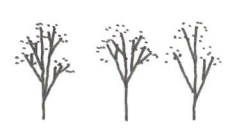

③上から見て円形に近い形に束ねる。

④千枚通しで植栽を置く場所に穴をあける。

⑤あけた穴に木工用ボンドをつめる。

⑥穴にかすみ草を固定して完成。

ソフトショートアスパラやピーコックグラスのドライフラワー。かすみ草とは雰囲気が異なる。インテリア模型の添景などに使える。

使用例

● メッシュシートを利用した植栽の表現

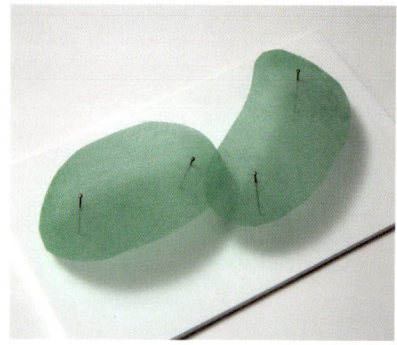

ウレタンのメッシュシートにラッカーをスプレーする（スプレーブースを使うとよい）

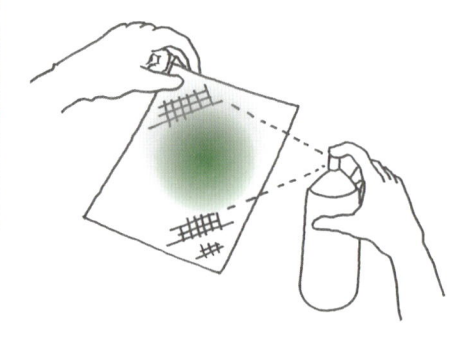

縮尺の小さなときや、コンセプチュアルな模型はこのような軽やかな表現をしてもよい。

ウレタンのメッシュシートにラッカースプレーで着色したものを有機的な曲線にカットして樹木を表現している。樹木は敷地に虫ピンで軽くとめているだけ。

CHAPTER 3　リアリティを与える

● 地被植物をつくる

植栽の低木や地被植物の表現は、入浴用のスポンジを使うと簡単。ウレタン素材が主であるが、ソフトなタイプや目の粗いものなどがあり、それぞれ異なった表現がうまれる。こちらも着色できるので、好きな色に塗ることも可能。

写真左がソフトタイプ、右がハードタイプ。目の密度から異なった表現がうまれる。

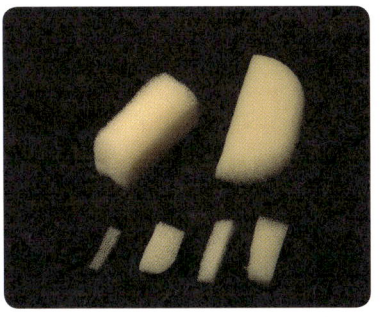

スポンジを必要な大きさの部材に切り出す。

切り込みをいれたスポンジを樹木の足元にはさみ込むようにのりづけする。

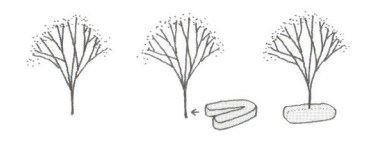

樹木の足元に木工用ボンドでのりづけする。

one point

樹木を設置するときの注意点

手の届く(作業できる)建物のまわりのスペースに設置する場合は問題ないが、吹き抜けやサンルームなど、建物をつくってからでは作業がしにくい場所に設置する場合、作業の手順を考慮しないと一度つくったものを解体し、やりなおす作業が発生してしまう。

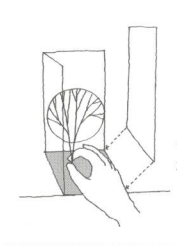

手が入るうちに樹木を植える。

● **棒状の木々の表現**

プラスチック製の丸棒材（いろいろな径）を樹木に見立てて表現した。

棒の径は樹木の幹の太さと大きさをあらわしている。落葉した季節の表現として見ることもできる。

枝葉をあえて表現しないことで、建物本体が見やすくなっている。

● **ビー玉の木々の表現**

ビー玉はガラスの透明感により、軽やかで、さわやかな印象を与えることができる。

ビー玉は大きさが決まっているので、スケールの小さな模型での表現に限られる。街並みやランドスケープを表現したり、光を使った模型などで用いても効果的である。

CHAPTER 4
コンセプトを伝える表現

1 コンセプトと縮尺に合わせた表現 …… 104
2 1階と2階に分かれる模型 ………… 106
3 断面がわかる模型 …………………… 108
4 屋根・壁・1階・2階がとれる模型 … 110
5 インテリアを見せる模型 …………… 112
6 縮尺の大きな模型 …………………… 114
7 屋根や壁を見せる表現 ……………… 116
8 ユニットの表現 ……………………… 118
9 構造体を見せるスケルトン模型 …… 120
10 イメージからつくる模型 …………… 122
11 光る模型 ……………………………… 124
12 バルサ材を使う ……………………… 126
13 新聞や雑誌の切りぬきを使う ……… 128

1 コンセプトと縮尺に合わせた表現

模型をつくるときは、つくりたい建物で何を一番見せたいか、コンセプトによって表現を変える。たとえば、ランドスケープなどの周辺環境を説明するのか、外観を説明するのか、インテリアなどの内部空間を説明するのか…目的によっては、選ぶ材料や表現の手法が違ってくる。また模型で、「自分が何を表現したいか」を考え、それに合わせて縮尺を選び、縮尺に応じた表現をしなければならない。この章では、いろいろなコンセプトに合わせて表現を変えた事例を見ていこう。

周辺の建物は、つくり込まないでスタイロフォームなどで大きさのみを表現する。メインの模型よりも目立たせないような形と配色にするのがポイント

街区に計画された集合住宅とランドスケープを伝える模型の例（縮尺 1：100 以下）
街の街区の計画、公共建築や集合住宅など広く全体像をあらわす模型は、小さな縮尺として全体のイメージが伝わるようにする。建築は構成要素を少なくシンプルな形と色紙を使うと、コンセプチュアルな表現になり、ひと目でイメージが伝わる。

メインの模型は、自分がやりたいことが表現できるように、色をつけるなどの工夫をする。縮尺が小さくなるほどシンプルでコンセプチュアルな表現になる

104

CHAPTER 4　コンセプトを伝える表現

**外観とインテリアを伝える模型の例
（縮尺1：50以上）**
外観と内観を見せる住宅の模型は最低でも縮尺1：50の大きさでつくる。
一番つくりやすい大きさなので、外構や周辺環境を表現したり、屋根などをとりはずせるようにして、インテリアも見せる。
インテリア空間の説明のためには、キッチンや浴室、トイレなどの住宅設備の表現はもとより、ダイニングテーブルやイス、ソファ、本棚などの家具類も丁寧につくることで、インテリア空間と生活シーンを提案し、わかりやすく伝えることができる。さらに、1：10などの大きな縮尺で部分模型をつくれば、よりリアルに空間の確認をすることができるだろう。

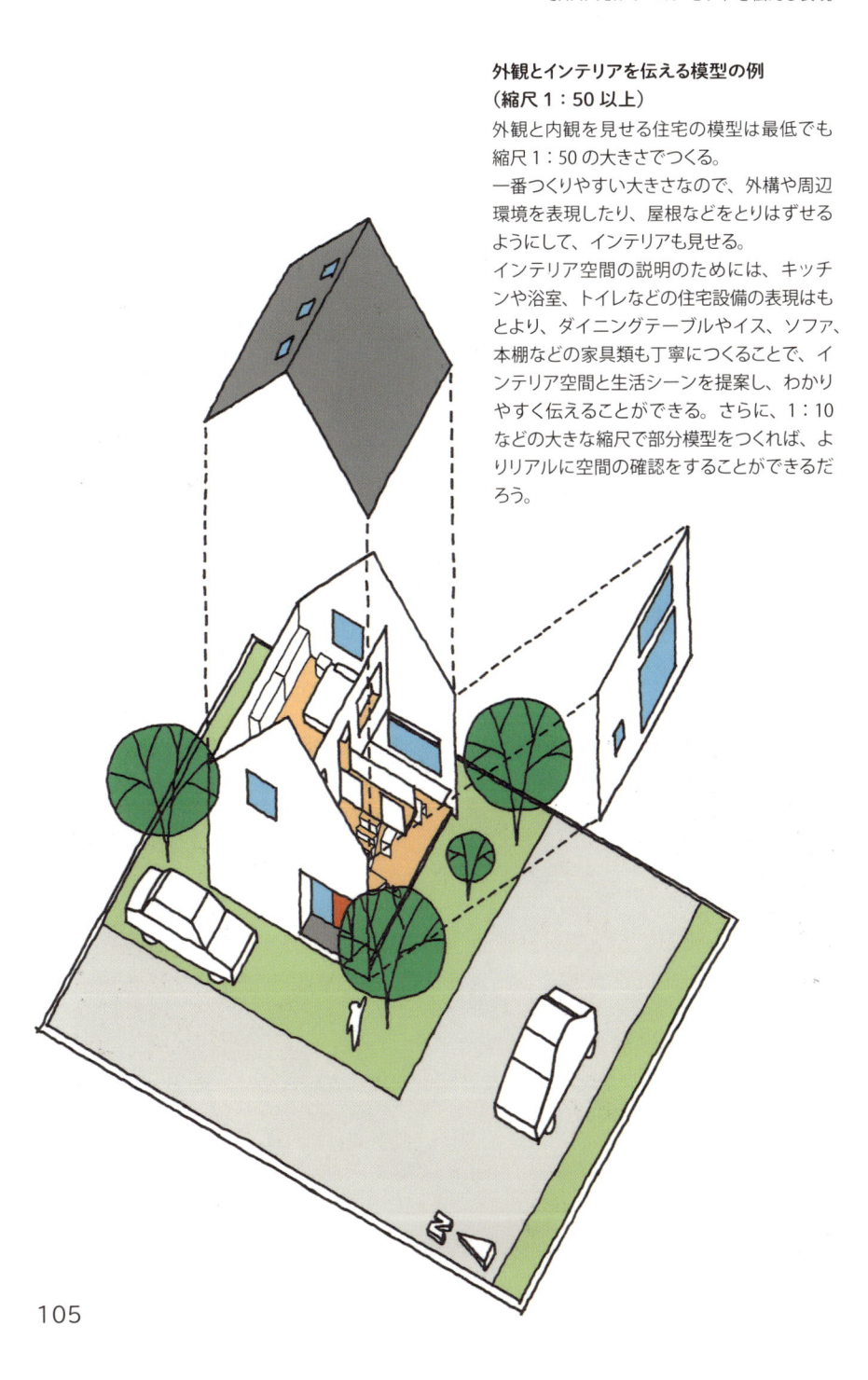

2 1階と2階に分かれる模型

屋根がはずれたり、1階と2階が分離できるように模型をつくると、内部空間がどのようになっているのか、外部環境とどのようにつながっているのかなどの様子をわかりやすく表現することができる。さらに家具や外部環境をつくることで、そこでどのように生活するのかもイメージしやすくなる。

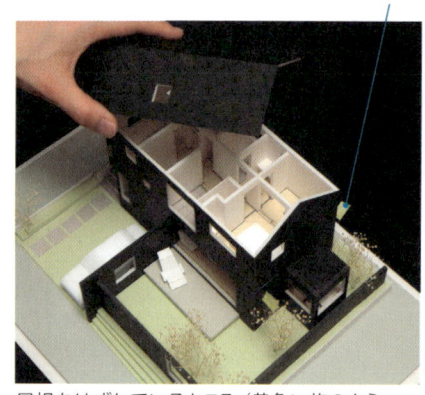

虫ピン

屋根をはずしているところ（黄色い旗のようなものは、固定している虫ピン）。

2階の内部空間を見ることができる。

2階をはずしたところ。1階のリビングと外部空間のつながりがよくわかる。

1階と2階を固定するゲタ

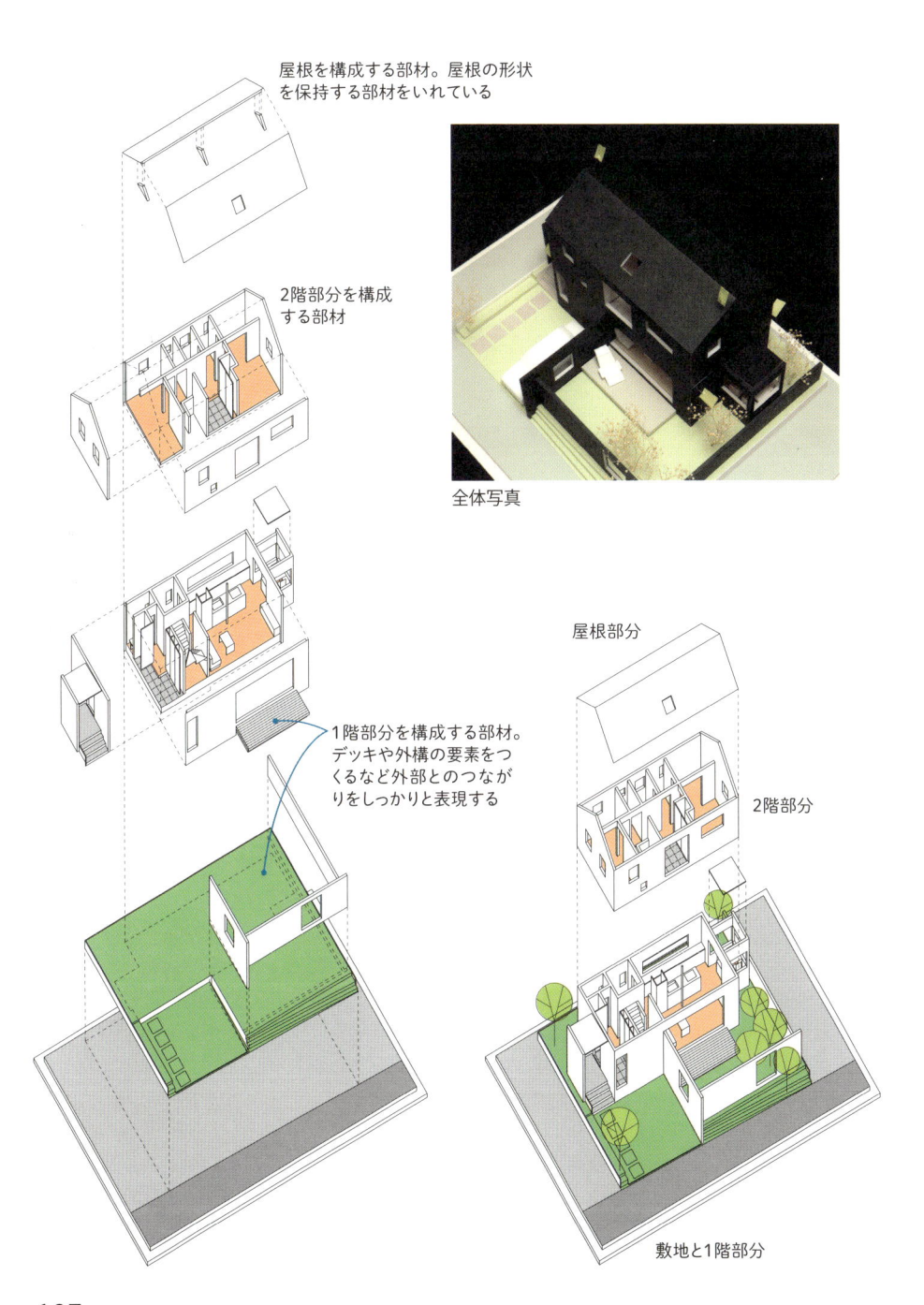

CHAPTER 4 コンセプトを伝える表現

屋根を構成する部材。屋根の形状を保持する部材をいれている

2階部分を構成する部材

全体写真

1階部分を構成する部材。デッキや外構の要素をつくるなど外部とのつながりをしっかりと表現する

屋根部分

2階部分

敷地と1階部分

107

3 断面がわかる模型

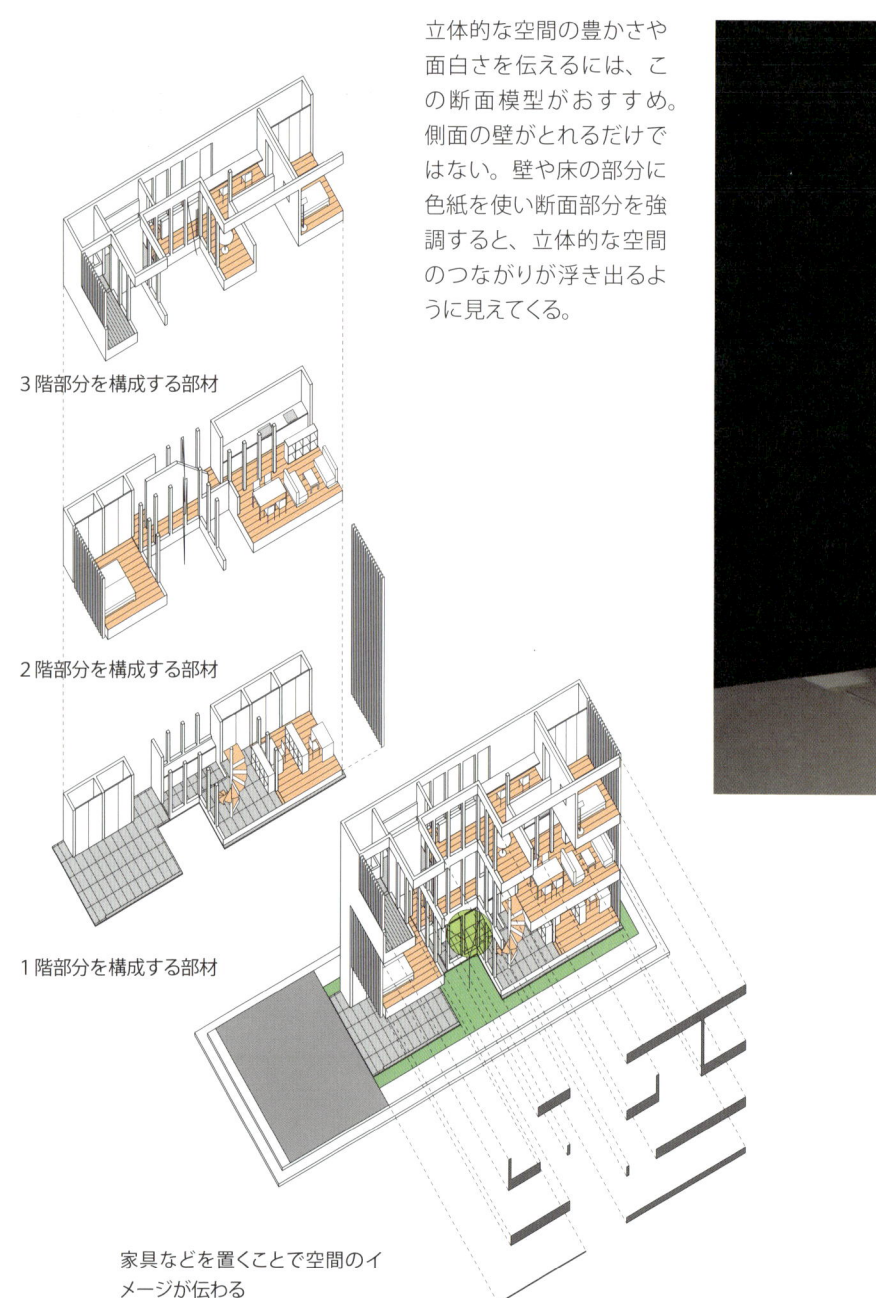

立体的な空間の豊かさや面白さを伝えるには、この断面模型がおすすめ。側面の壁がとれるだけではない。壁や床の部分に色紙を使い断面部分を強調すると、立体的な空間のつながりが浮き出るように見えてくる。

3階部分を構成する部材

2階部分を構成する部材

1階部分を構成する部材

家具などを置くことで空間のイメージが伝わる

108

CHAPTER 4 コンセプトを伝える表現

上下階にわたって連続的につながっていく吹き抜けなどの空間の楽しさを伝えるのに、断面模型は有効である。

断面を強調するために黒い色紙を貼りつけている。

109

4 屋根・壁・1階・2階がとれる模型

屋根や2階がはずせる模型や断面がわかる模型の魅力は、すでに説明したとおり。ここではさらに屋根と2方向の壁がとりはずせるようにしてみた。平面がよく見えるので、さまざまな角度から空間を説明することができる。部材がはずせる模型は、不安定な構造となるので、形を保つために、虫ピンを利用した補強や仮どめの工夫が必要になる。

①屋根をはずし、上から模型をのぞき込む。

②手前の壁をはずす。

③側面の壁をはずす。

④2階の床をはずす。

110

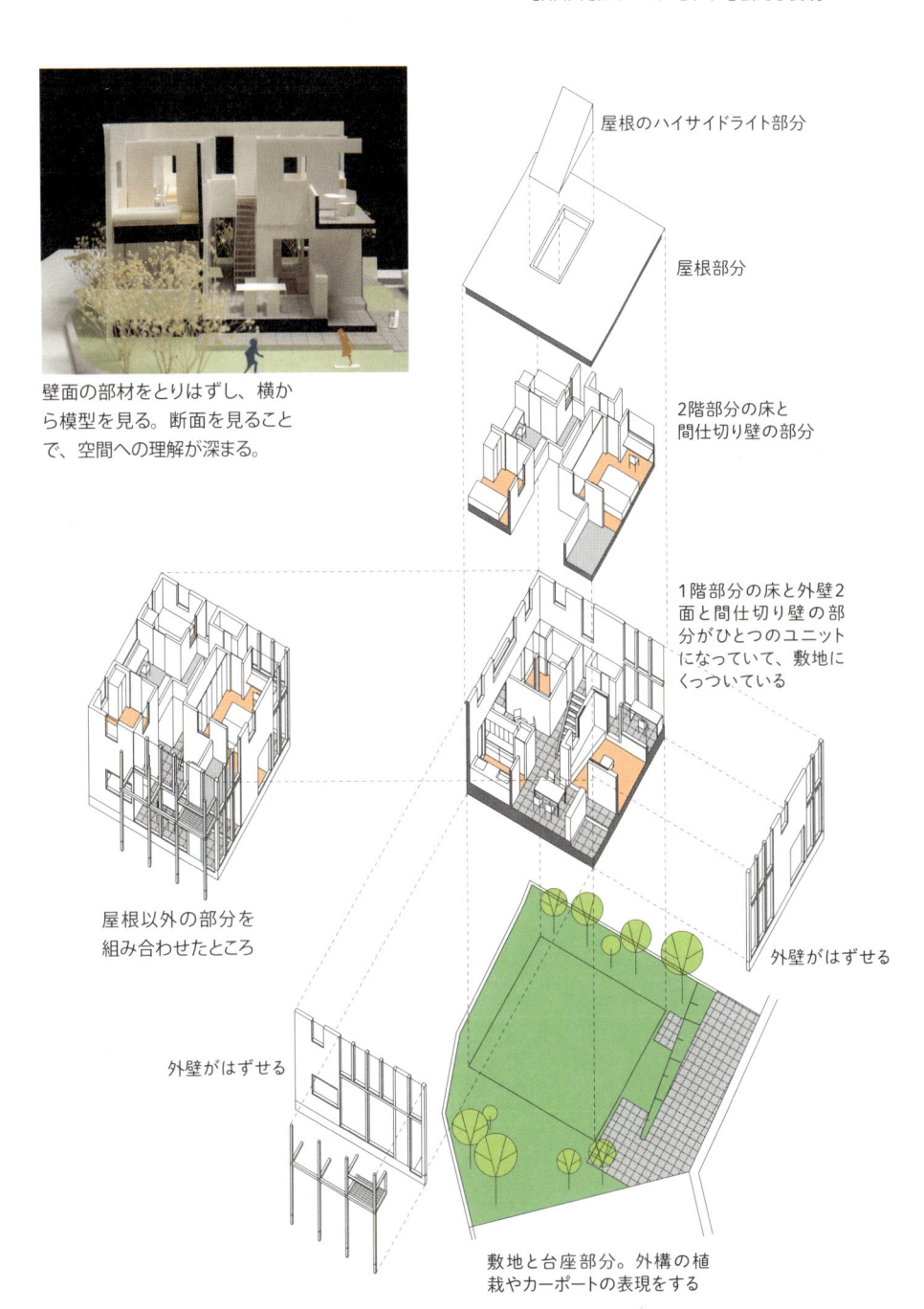

CHAPTER 4　コンセプトを伝える表現

壁面の部材をとりはずし、横から模型を見る。断面を見ることで、空間への理解が深まる。

屋根のハイサイドライト部分

屋根部分

2階部分の床と間仕切り壁の部分

1階部分の床と外壁2面と間仕切り壁の部分がひとつのユニットになっていて、敷地にくっついている

屋根以外の部分を組み合わせたところ

外壁がはずせる

外壁がはずせる

敷地と台座部分。外構の植栽やカーポートの表現をする

111

5 インテリアを見せる模型

インテリアの設計や、マンションのリノベーションの設計などは、内部空間をリアルに表現する。内装の仕上げ材の表現や、住宅設備や家具がどのように設計されているのかをあらわす必要がある。縮尺は最低でも1：30はあると、いろいろな表現をして見せることができる。

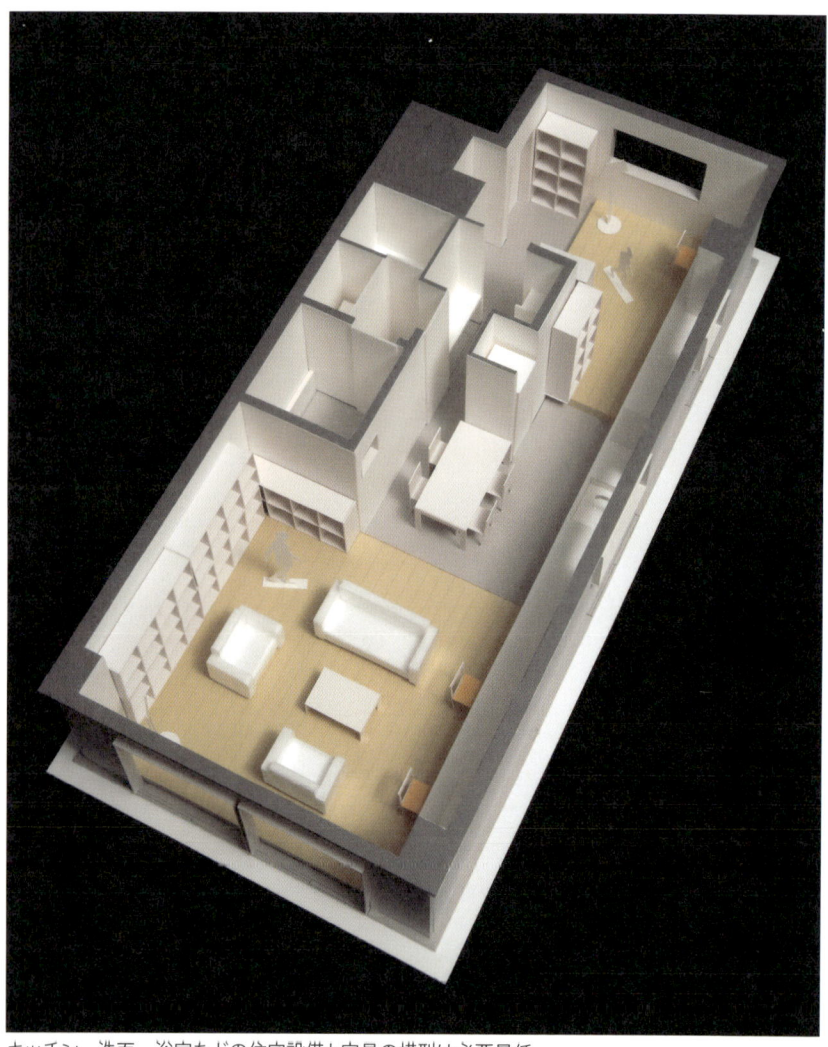

キッチン、洗面、浴室などの住宅設備と家具の模型は必要最低限いれる。切断面に色紙を貼ることにより壁を強調している。

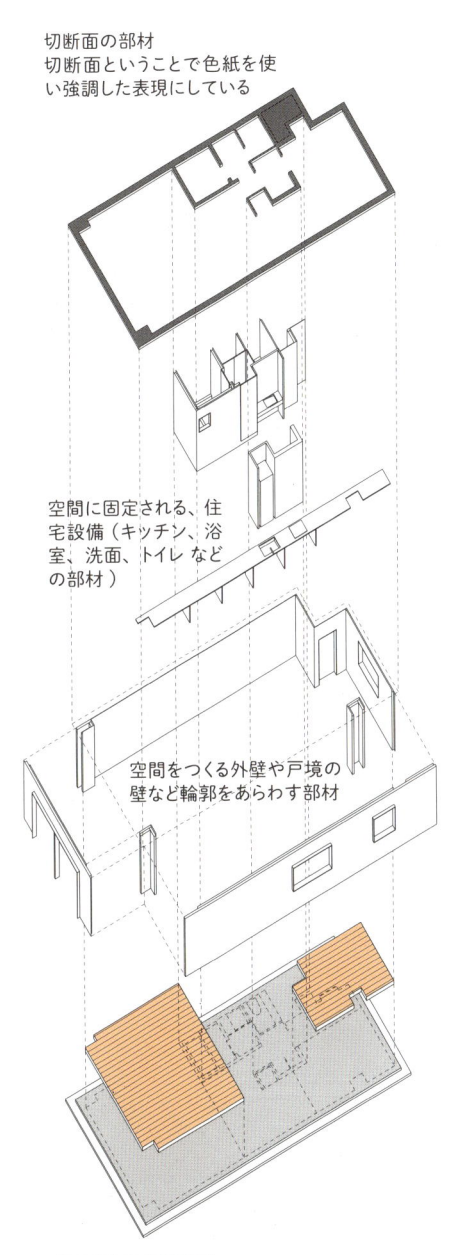

CHAPTER 4　コンセプトを伝える表現

切断面の部材
切断面ということで色紙を使い強調した表現にしている

空間に固定される、住宅設備（キッチン、浴室、洗面、トイレなどの部材）

空間をつくる外壁や戸境の壁など輪郭をあらわす部材

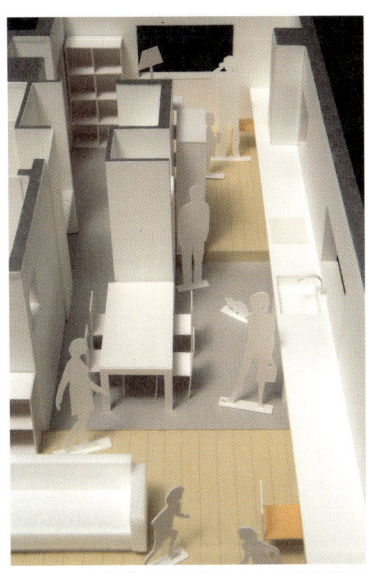

家具や人の表現をいれると空間のスケール感が出てくると同時に生活のイメージがしやすい。

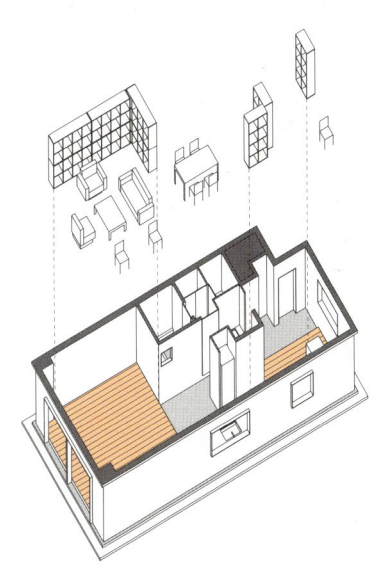

床の部材と台座部分

家具や人の表現をいれる

113

6 縮尺の大きな模型

縮尺の大きな模型は、外構から内部の家具などに至るまで、かなり細かくつくり込む。前項のインテリア模型で説明したように、家具や人を配置して空間のありようを説明し、どのようにその空間で生活するのかを示さなければならない。

縮尺1:30の美容室の模型

3つの屋根をとりはずした状態。内部の様子が確認できる。

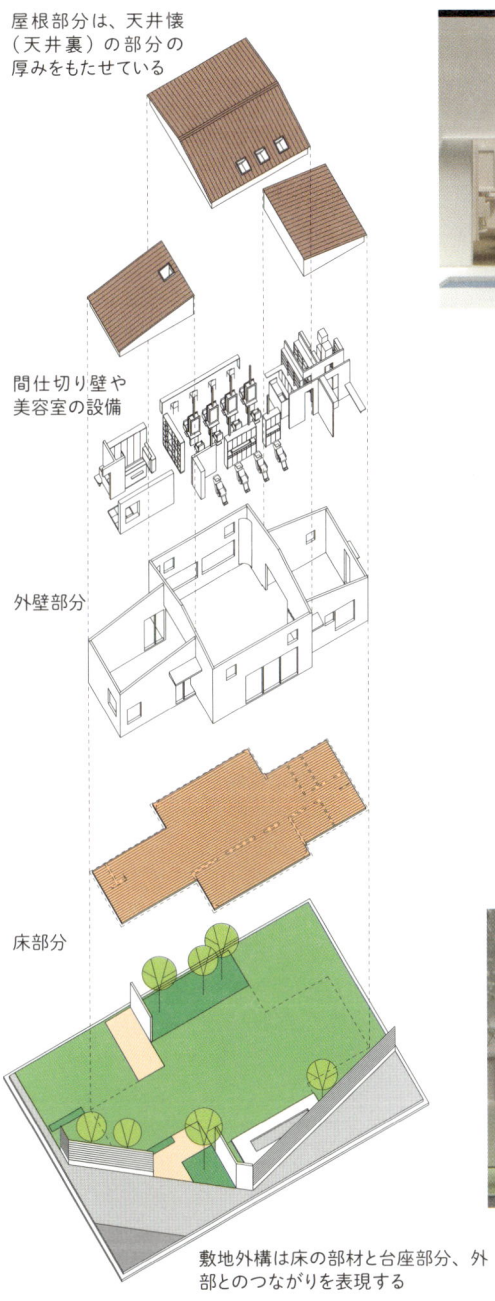

CHAPTER 4 コンセプトを伝える表現

屋根部分は、天井懐（天井裏）の部分の厚みをもたせている

間仕切り壁や美容室の設備

外壁部分

床部分

屋根をとったり開口部から中をのぞき込んだりするのが楽しい。

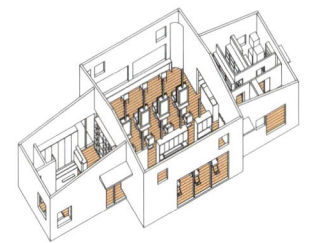

外壁は縮尺に合わせた厚さのスチレンボードを使用する。ない場合は2枚を合わせるなどの工夫をする

敷地外構は床の部材と台座部分、外部とのつながりを表現する

植栽や家具、人の表現をいれると空間のスケール感が出て生活のイメージがしやすい。

115

7 屋根や壁を見せる表現

屋根や壁の表現は多様である。材料を変えたり形を変えるだけでさまざまな表現が可能になる。ここでは、屋根に複層ポリカーボネート板を使うことでトップライトとルーバーの表現を同時にしている。また、間仕切りの壁面はスチレンボードを使った曲面壁としている。開口部には、透明の塩ビ板を使って大開口の表現をしている。

壁を曲面にした模型

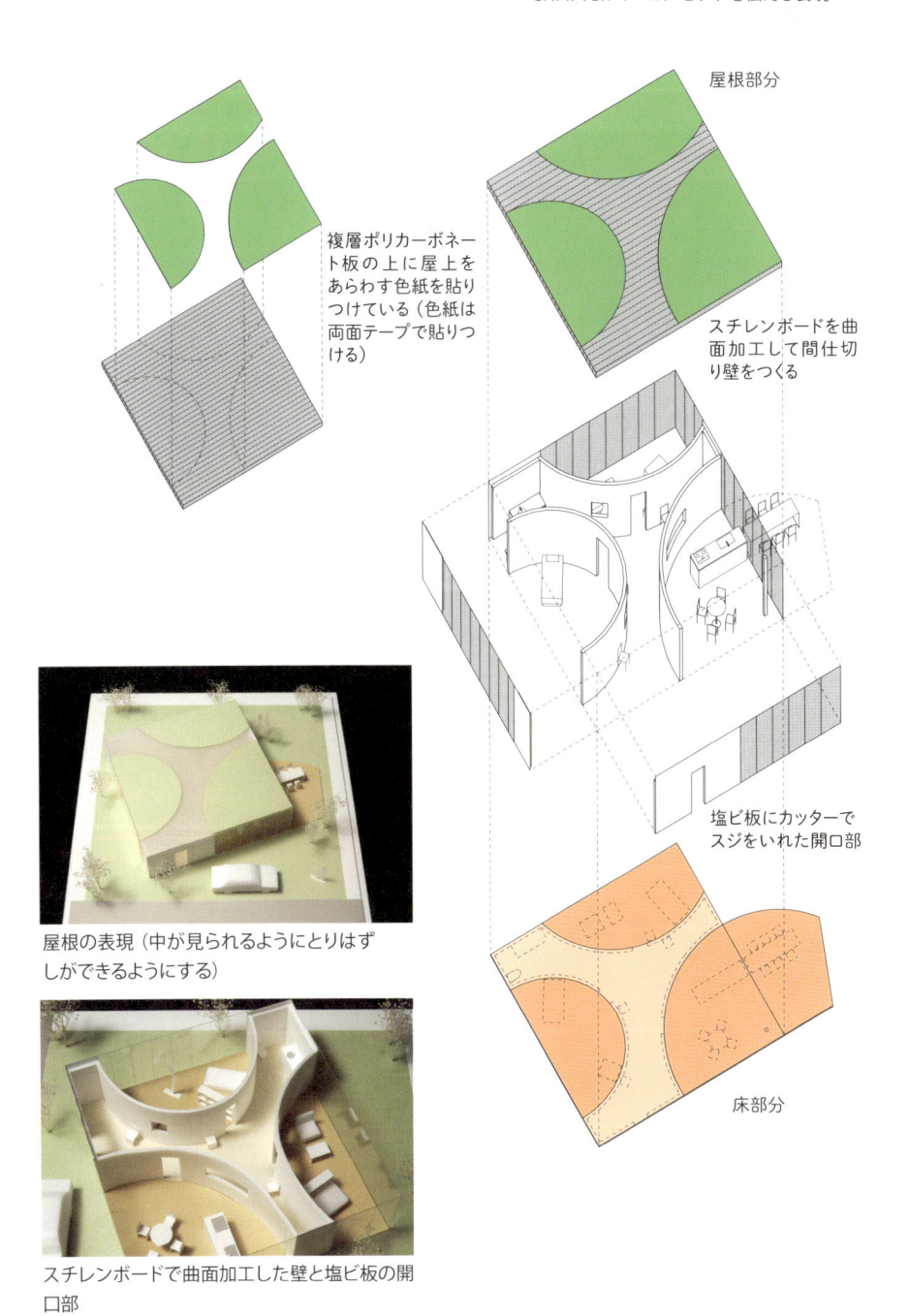

CHAPTER 4 コンセプトを伝える表現

屋根部分

複層ポリカーボネート板の上に屋上をあらわす色紙を貼りつけている（色紙は両面テープで貼りつける）

スチレンボードを曲面加工して間仕切り壁をつくる

塩ビ板にカッターでスジをいれた開口部

屋根の表現（中が見られるようにとりはずしができるようにする）

床部分

スチレンボードで曲面加工した壁と塩ビ板の開口部

117

8 ユニットの表現

写真のように、たとえば、集合住宅などの見せ方として、各住戸部分がある決まったユニットによって構成されている場合には、このように、各ユニットに色を決めて表現する。建物がどのような住戸の組み合わせ方でできているかがわかる。住戸の表現をすることによって、全体の構成がわかるというコンセプチュアルな模型の表現のひとつである。

色分けでユニットの組み合わせを表現した集合住宅の模型

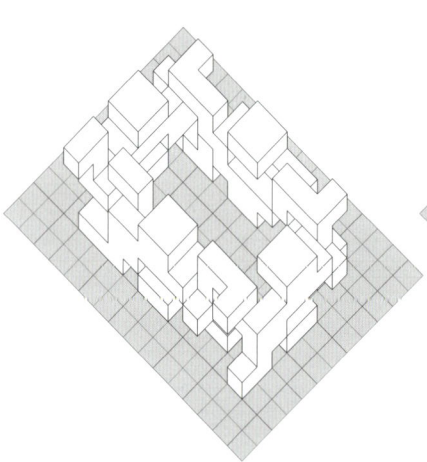

ひとつひとつの住戸の表現をしないで組み合わせた模型

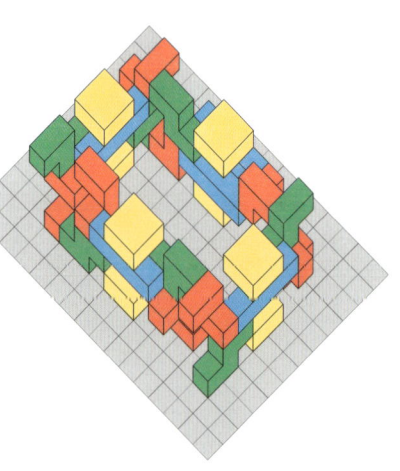

ひとつひとつの住戸に色紙で表現をつけた模型

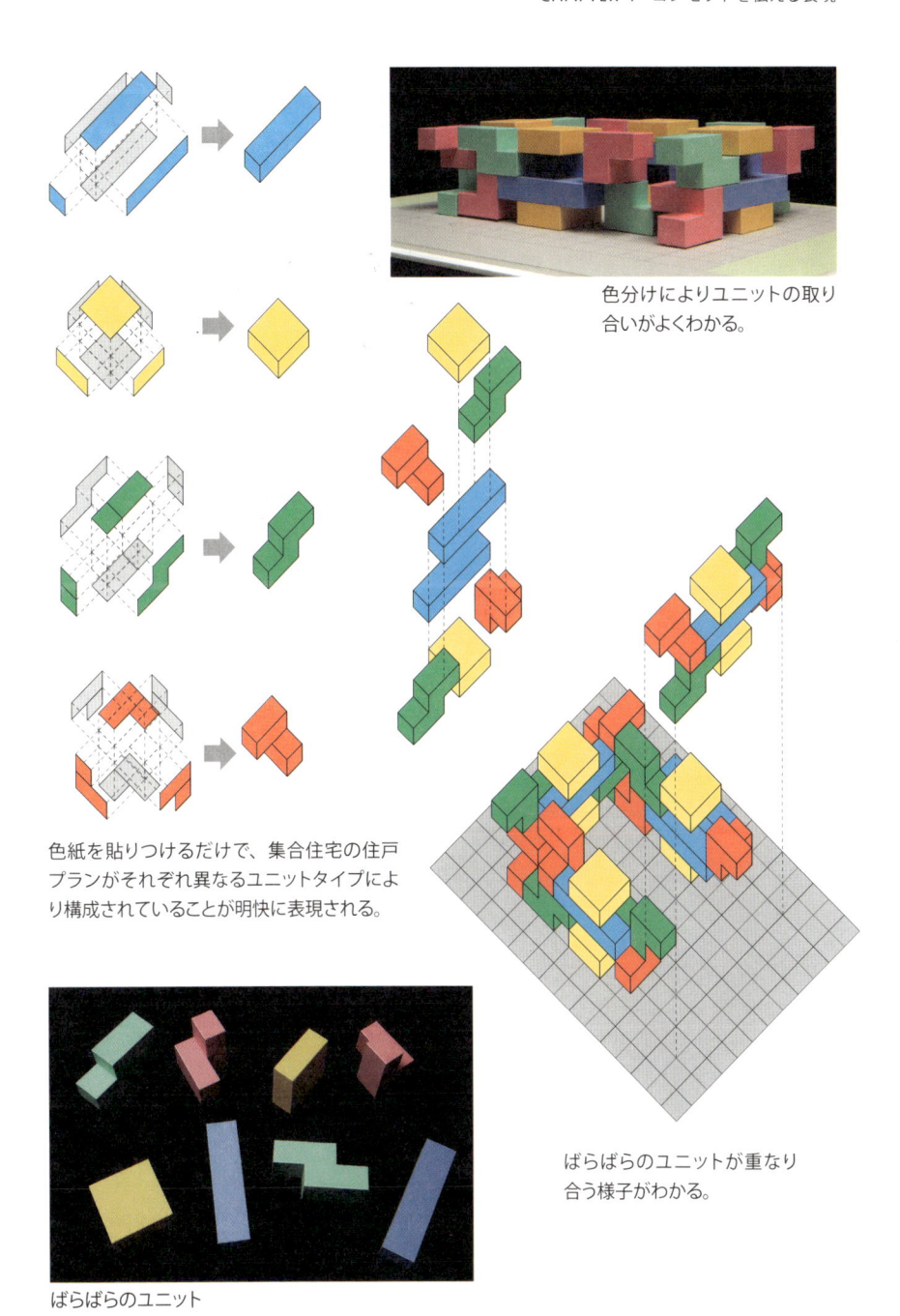

CHAPTER 4　コンセプトを伝える表現

色分けによりユニットの取り合いがよくわかる。

色紙を貼りつけるだけで、集合住宅の住戸プランがそれぞれ異なるユニットタイプにより構成されていることが明快に表現される。

ばらばらのユニットが重なり合う様子がわかる。

ばらばらのユニット

9 構造体を見せるスケルトン模型

建築がどのような構造でできているのか、その構造体が魅力的であれば当然それを見せる表現をしたいところだ。屋根と外壁をつけず、むき出しで構造体を見せる。潔い表現はデザイナーの意図をもっとも伝えやすい。

屋根をつけず構造体だけを見せる。

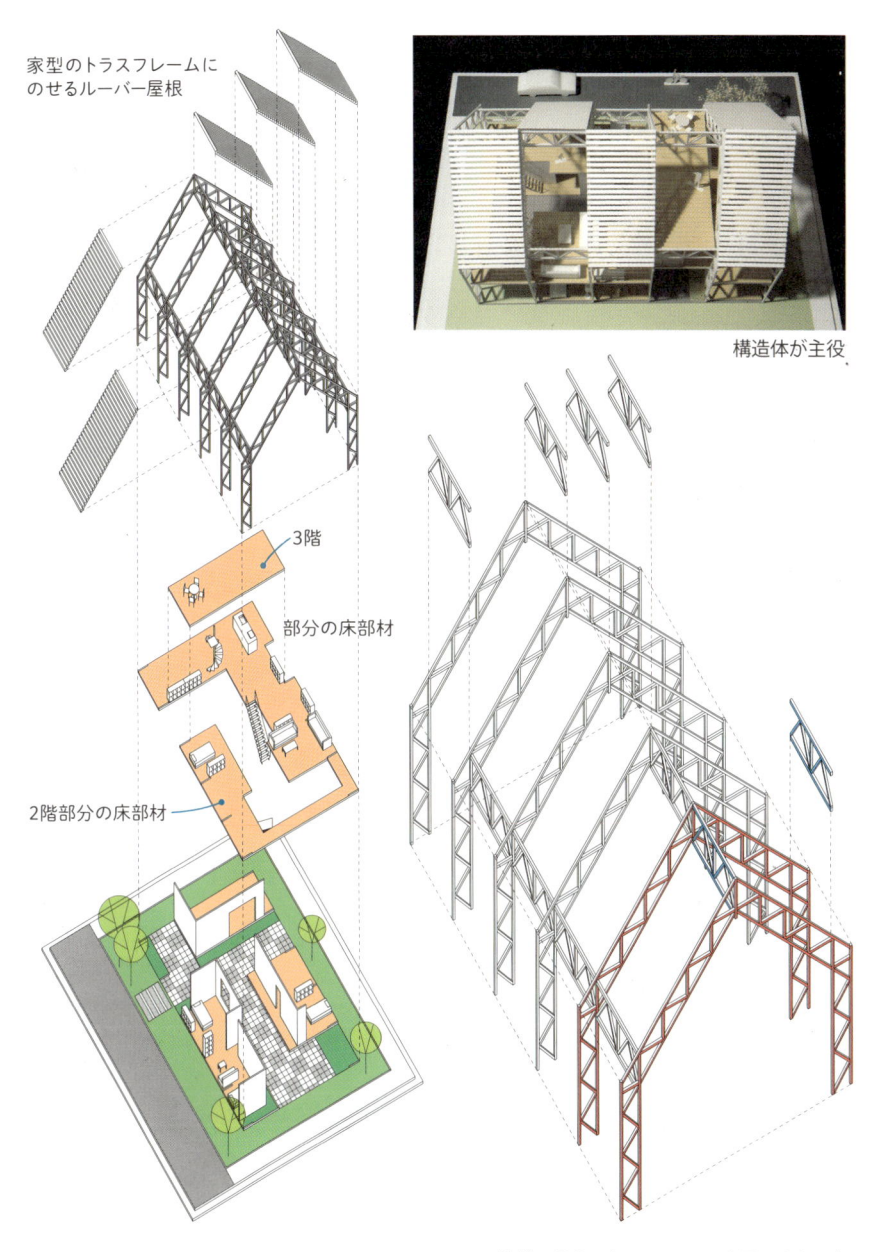

CHAPTER 4　コンセプトを伝える表現

家型のトラスフレームに
のせるルーバー屋根

構造体が主役

3階

部分の床部材

2階部分の床部材

台座と敷地、1階床部分

複雑に見えるトラスフレームも図のように赤
と青で色分けした2種類の部材でできている。
簡単な組み合わせで空間の迫力を演出できる

10 イメージからつくる模型

あるモチーフのイメージをきっかけに、建築の空間へとイメージをふくらませてみるのも楽しい。これは、フレームイメージからスタディした集合住宅の模型である。

立体フレームから、建築の空間へイメージをふくらませてみよう。フレームを手がかりに床、壁、屋根といった建築をつくる部材を加えることで、いろいろな可能性をもった空間をつくることができる。床がない部分は吹き抜けに、壁がなければ開口部といったように、模型をいじり、いろいろな角度から見ながらイメージをふくらませることが大切だ。空間感覚を鍛えるよいトレーニングになる。実際の設計の現場でも、同じように切ったり貼ったり、いろいろ模型をいじりながら設計が進められている。

CHAPTER 4　コンセプトを伝える表現

フレームというモチーフを基本にスタディした建築。

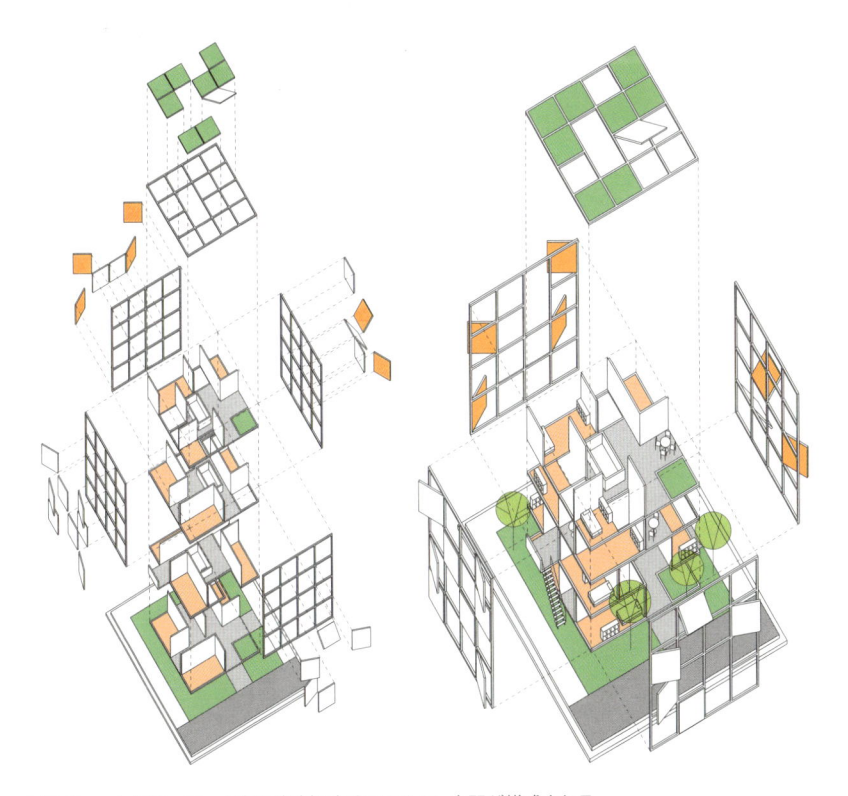

立体フレームに床、壁、屋根の部材を加えることで、空間が構成される。

123

11 光る模型

光る模型は、模型本体の台座の下側から光を当てることで、建築の魅力をイメージアップする表現方法。たとえば、光を1列に並べてライン状の表現とすることで、軸線を強調したり、決めた場所ごとに光を出すことで、楽しい、魅力的な場であることをあらわすこともできる。また、さまざまな光を通す色や素材を使うことで、さらに魅力的で楽しい模型となる。

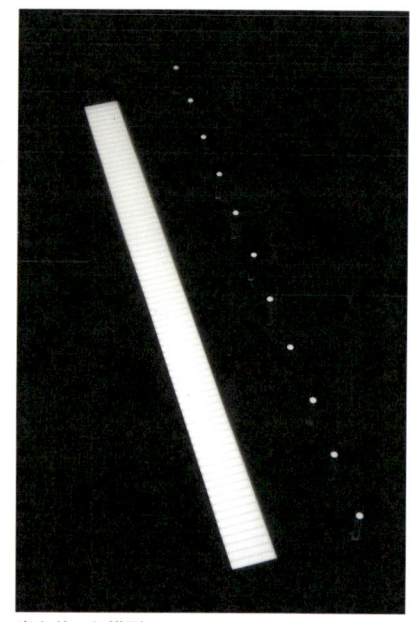

光を使った模型

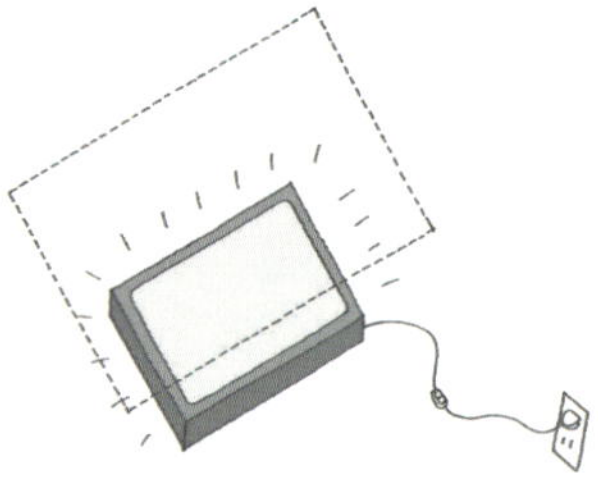

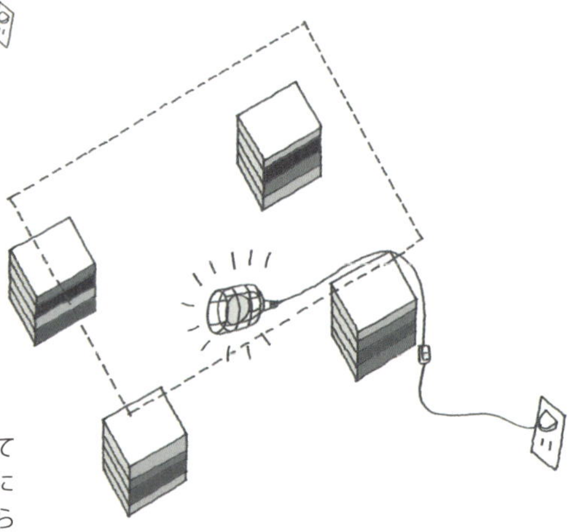

ライトボックスがあれば、それを台にして模型をのせる。ない場合は右図のように4カ所を雑誌などで高さを調節しながらかさ上げして支え、下に光源を設置する。光の調節は光源からの距離で行う。

CHAPTER 4　コンセプトを伝える表現

地面は、光を通さず開口部が引き立つ。

地面は、光を通しぼんやりと光っている。

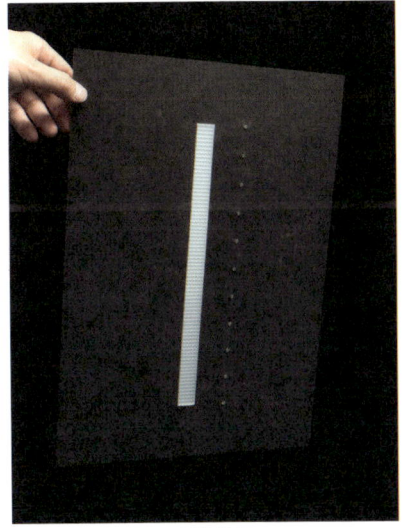

模型の裏側に黒い用紙を貼る。

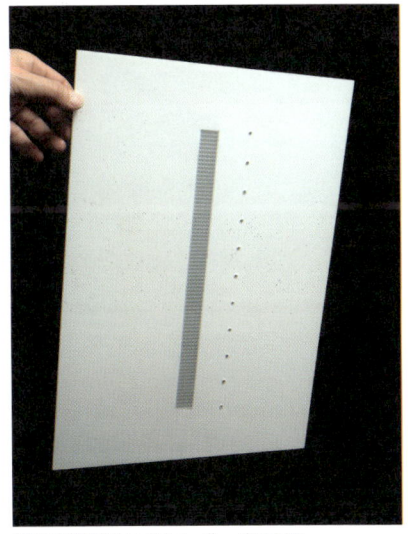

模型の裏側はスチレンボードのまま。

部材の裏面（この場合は底面）に、黒い用紙を貼ることで光のコントロールを行う。上の写真は、模型の底面のスチレンボードに、黒い用紙を貼ったもの（左）と、貼っていないもの（右）との比較である。光を通す、開口部分には複層ポリカーボネート板をいれ、柱はアクリルの丸棒を使っている。底面に黒い用紙を貼った方は、光をシャットアウトして、開口部のみに光を通している状態であることがわかる。また、黒い用紙を貼っていない方は、開口部以外の部分も光を通して、地面がぼんやりと明るくなっている。

光を通す、あるいは通さない状況をつくることができれば、表現の可能性が広がる。さまざまな素材や色を使ってみるなど、効果的な表現ができるようにいろいろと試してもらいたい。

12 バルサ材を使う

表面のテクスチャーを変えた表現としてバルサ材を使った模型を紹介する。この模型は、表面にバルサ材の板状のものを下地に貼りつけて表現したもの。下地は、スタイロフォームやスチレンボード、段ボールなど形が保持できるものであればなんでもよい。

スチレンボードの模型との比較

バルサ材を使った模型

手順
①下地の部材（スチレンボード）を加工する。
②下地の部材に両面テープを貼る（全面に貼る）。
③バルサ材を部材に貼りつける。
④切りぬく。
⑤組み立てる。

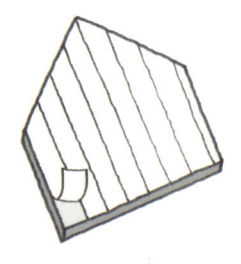

バルサ材

①②下地の部材となるスチレンボードの全面に両面テープを貼る。

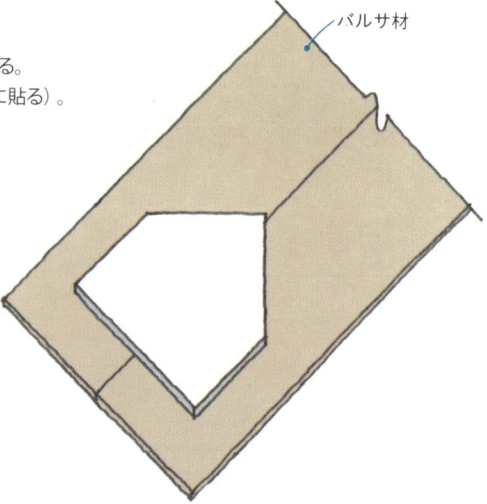

③④スチレンボードを下地にしてバルサを貼る。ボード部分をガイドにして切りぬく。

126

CHAPTER 4　コンセプトを伝える表現

バルサ材を使ったコンター模型（等高線模型）
写真は、右）バルサ材の厚さが3mmのもの
　　　　中）バルサ材の厚さが0.5mmのもの
　　　　左）バルサ材の厚さが0.5mmのものをさらに紙やすりでなめらかに加工したもの
バルサ材は加工しやすいので思ったほど大変ではない。ぜひトライすることをおすすめする。

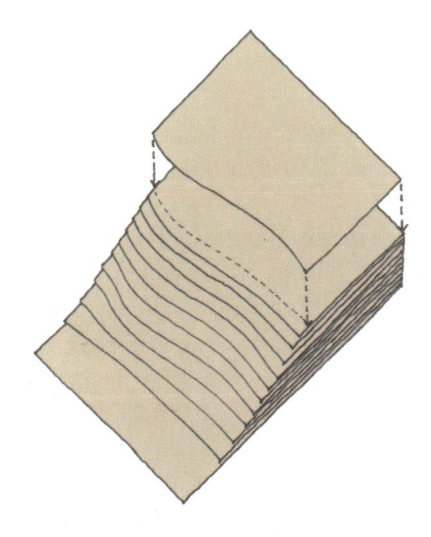

つくり方は72頁の「高低差のある敷地模型をつくる」で紹介したコンター模型と同じである。厚さの異なるバルサ材が販売されているので、縮尺や等高線の間隔など、つくる模型に応じて最適なものを選択する。

バルサ材はやわらかく加工しやすい。

13 新聞や雑誌の切りぬきを使う

店舗であったり、人が集まる華やかな建物や場所の表現として雑誌や英字新聞などを模型に貼って、にぎやかな雰囲気を演出することができる。 たとえば、周辺模型に貼ってその街のイメージを伝えることなどにも使えるだろう。

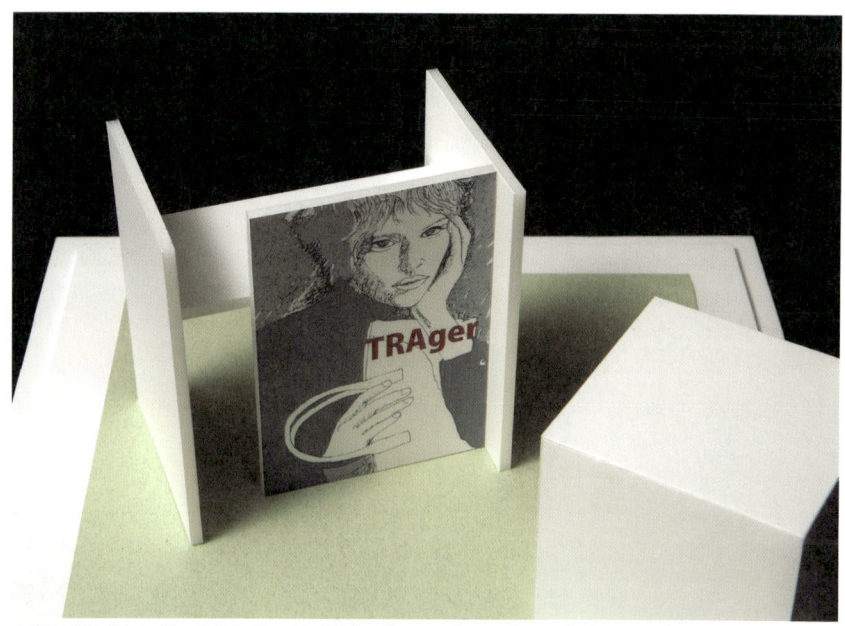

大胆に建物全体に貼ってみたり、立面だけに貼ってみたり、表現の方法はさまざま。

雑誌や英字新聞などの切りぬきを使う。

CHAPTER 5
模型をつくった後にすること

1 専用ボックスをつくる ……………… 130
2 模型写真を撮る ……………………… 132

1 専用ボックスをつくる

模型をスマートに持ち運ぶため、また、保護するための箱をつくる。

箱を90度回転させても中の模型が倒れず壊れない。

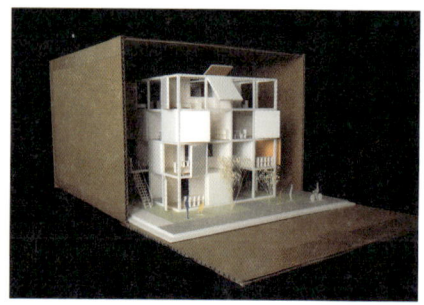

部材図

CHAPTER 2では敷地模型をつくる際にボードを2枚重ねて台座をつくった。2枚のボードの端部のズレは、本項でつくる箱側のガイドレールにより箱内に固定される。台座部分が、このガイドと箱の隙間にはさまることで、箱を横にしても、逆さにしても模型が倒れることがない。

130

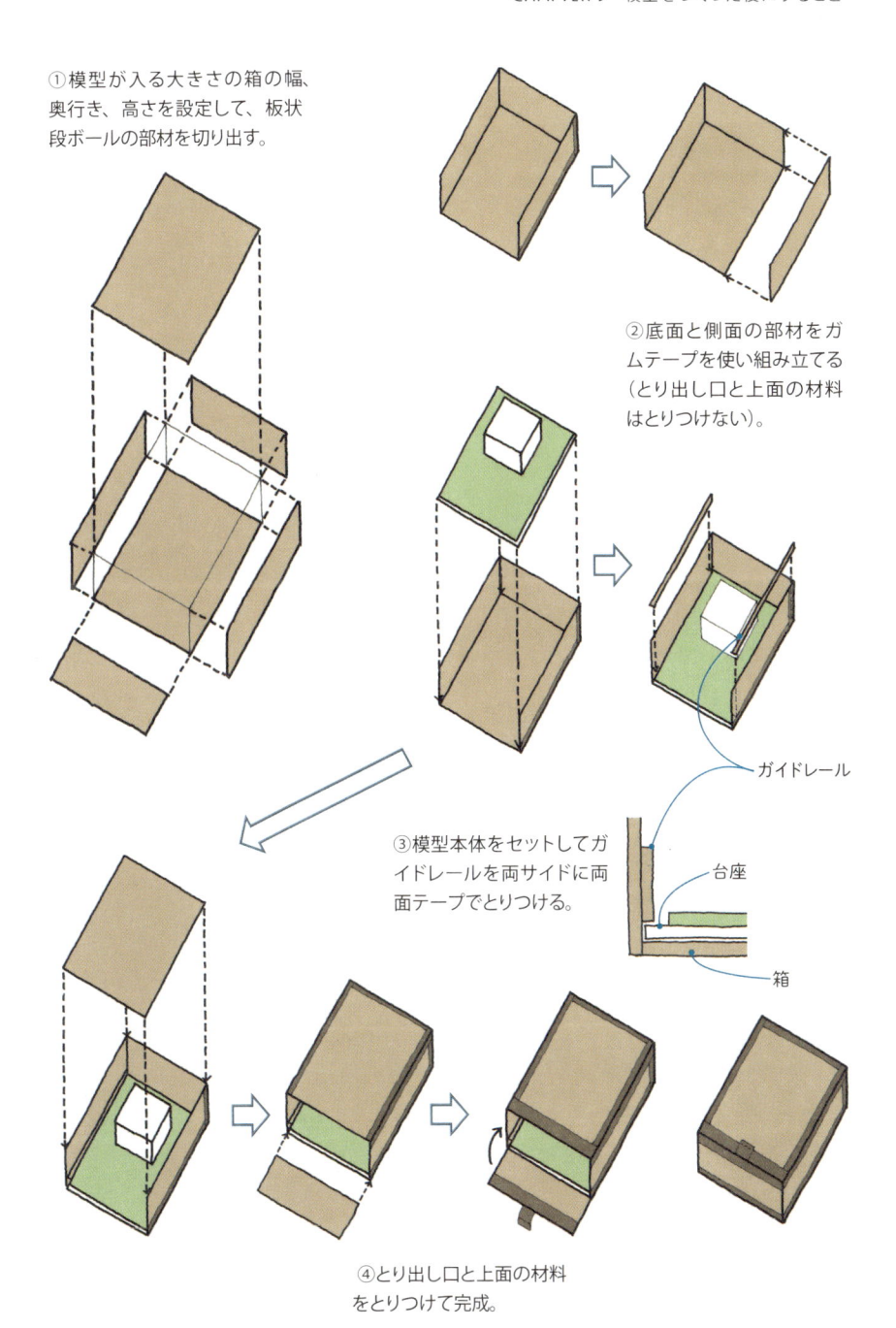

CHAPTER 5 模型をつくった後にすること

①模型が入る大きさの箱の幅、奥行き、高さを設定して、板状段ボールの部材を切り出す。

②底面と側面の部材をガムテープを使い組み立てる（とり出し口と上面の材料はとりつけない）。

③模型本体をセットしてガイドレールを両サイドに両面テープでとりつける。

ガイドレール

台座

箱

④とり出し口と上面の材料をとりつけて完成。

131

2 模型写真を撮る

模型写真を撮影するということは、3次元である模型を2次元の媒体に変換するということである。実物の模型を見せながらのプレゼンテーションが不可能な場合には、どうしても模型写真が必要となるし、さらに、その写真の出来がよければ、クライアントに対してよい印象を与えることができる。写真撮影で重要なのは、光の当て方である。どのような光を当てるかで印象が異なることを理解しよう。下に示したのが光の当て方の例であるが、模型によってどのような光の当て方がよいのかをいろいろと試して撮影する。

ライティングを逆光にしたもの　　ライティングを斜光にしたもの　　ライティングを順光にしたもの

ライティングを天井に当てて間接光にしたもの

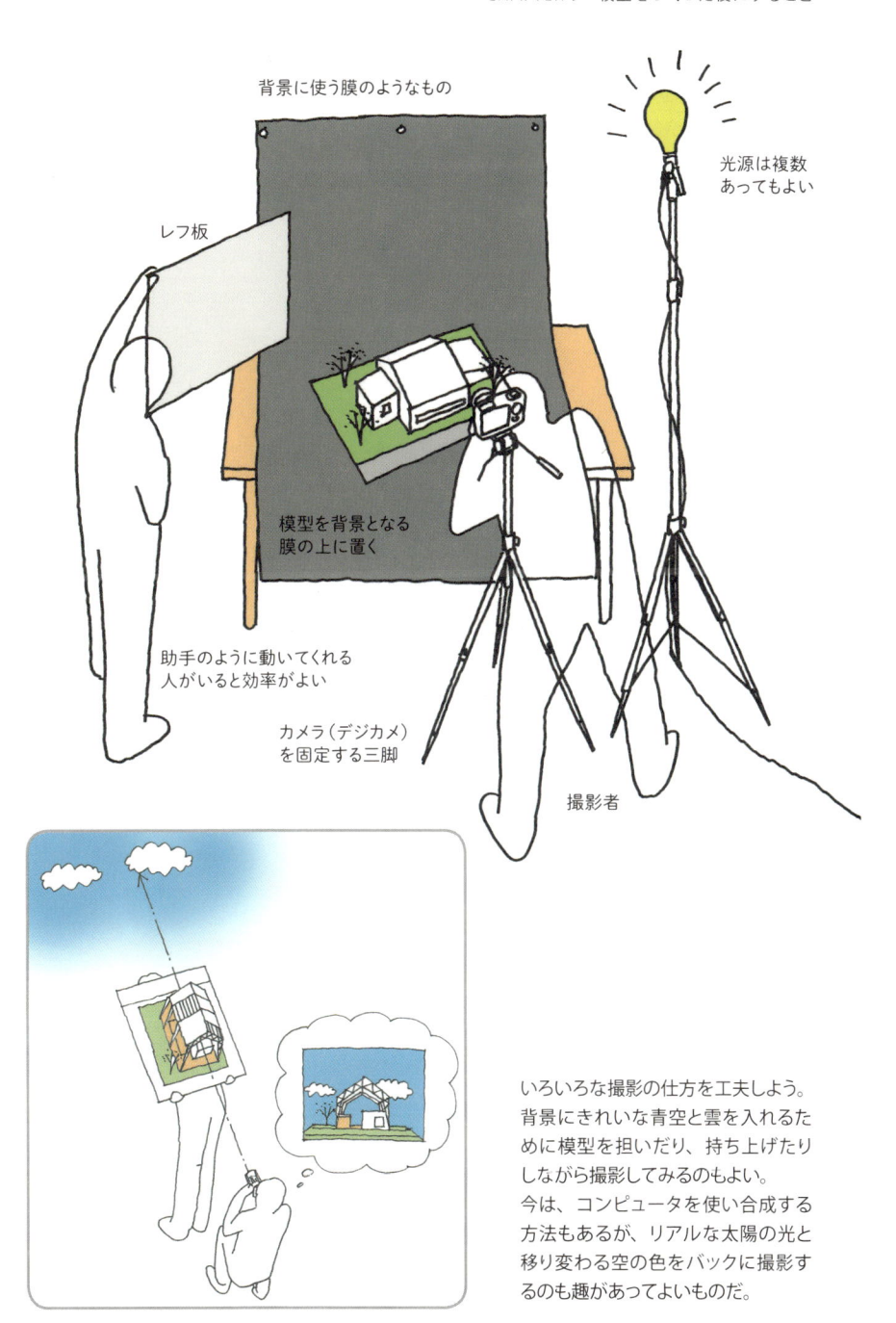

CHAPTER 5　模型をつくった後にすること

背景に使う膜のようなもの

光源は複数
あってもよい

レフ板

模型を背景となる
膜の上に置く

助手のように動いてくれる
人がいると効率がよい

カメラ(デジカメ)
を固定する三脚

撮影者

いろいろな撮影の仕方を工夫しよう。
背景にきれいな青空と雲を入れるた
めに模型を担いだり、持ち上げたり
しながら撮影してみるのもよい。
今は、コンピュータを使い合成する
方法もあるが、リアルな太陽の光と
移り変わる空の色をバックに撮影す
るのも趣があってよいものだ。

133

上の写真は、模型を壊しながら撮影したものである。模型の内部写真を優先したいときは、模型本体を壊しながら撮影する。そうすることで、撮影しにくいアングルにカメラをいれることができるので、より空間イメージが伝えやすく、そして迫力のある写真を撮ることができる。

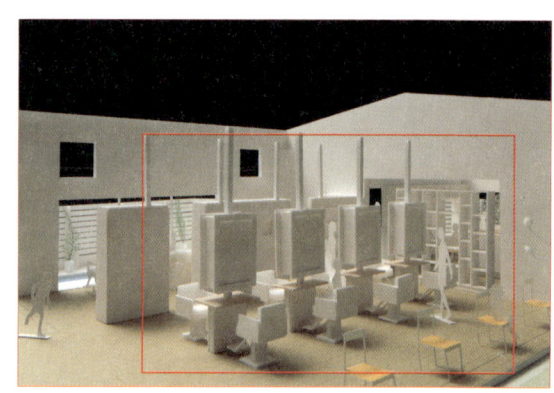

赤枠部分を撮影するため、ボンドで接着していた壁をとりはずして撮影している。

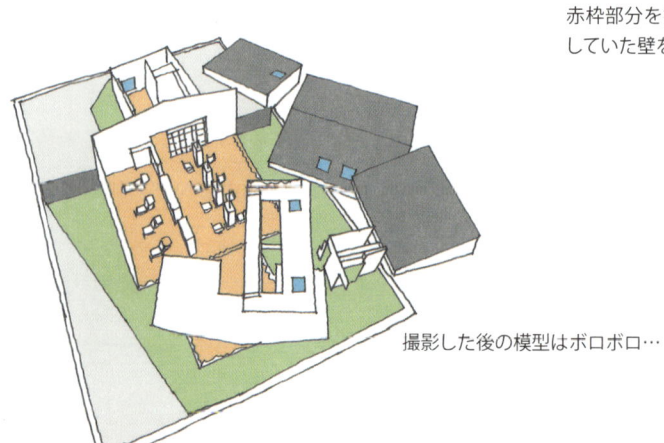

撮影した後の模型はボロボロ…

134

おまけ
使える型紙

- 型紙は本書内で紹介、使用しているもの。この型紙を参考にして、自分なりの自由な発想と展開をすることが大切。
- 自己責任において適宜コピーをして型紙として使用すること。
- 材料の種類は1：50でつくることを前提として参考までに各型紙に記載している。自分の判断で適宜、自由に選んでつくってみてほしい。また、縮尺を変更して使用する場合には、縮尺に合わせた材料、使いたい材料に変更してもよい。
- 縮尺は等倍コピーで1：50の縮尺に適合する。
  （車などは、1：100、1：200の型紙がついているので注意すること）

(参考)
　　縮尺1：100の模型に使用する場合→ 0.5倍 (50%) に縮小コピー
　　縮尺1：30の模型に使用する場合→ 1.67倍 (167%) に拡大コピー
　　縮尺1：20の模型に使用する場合→ 2.5倍 (250%) に拡大コピー

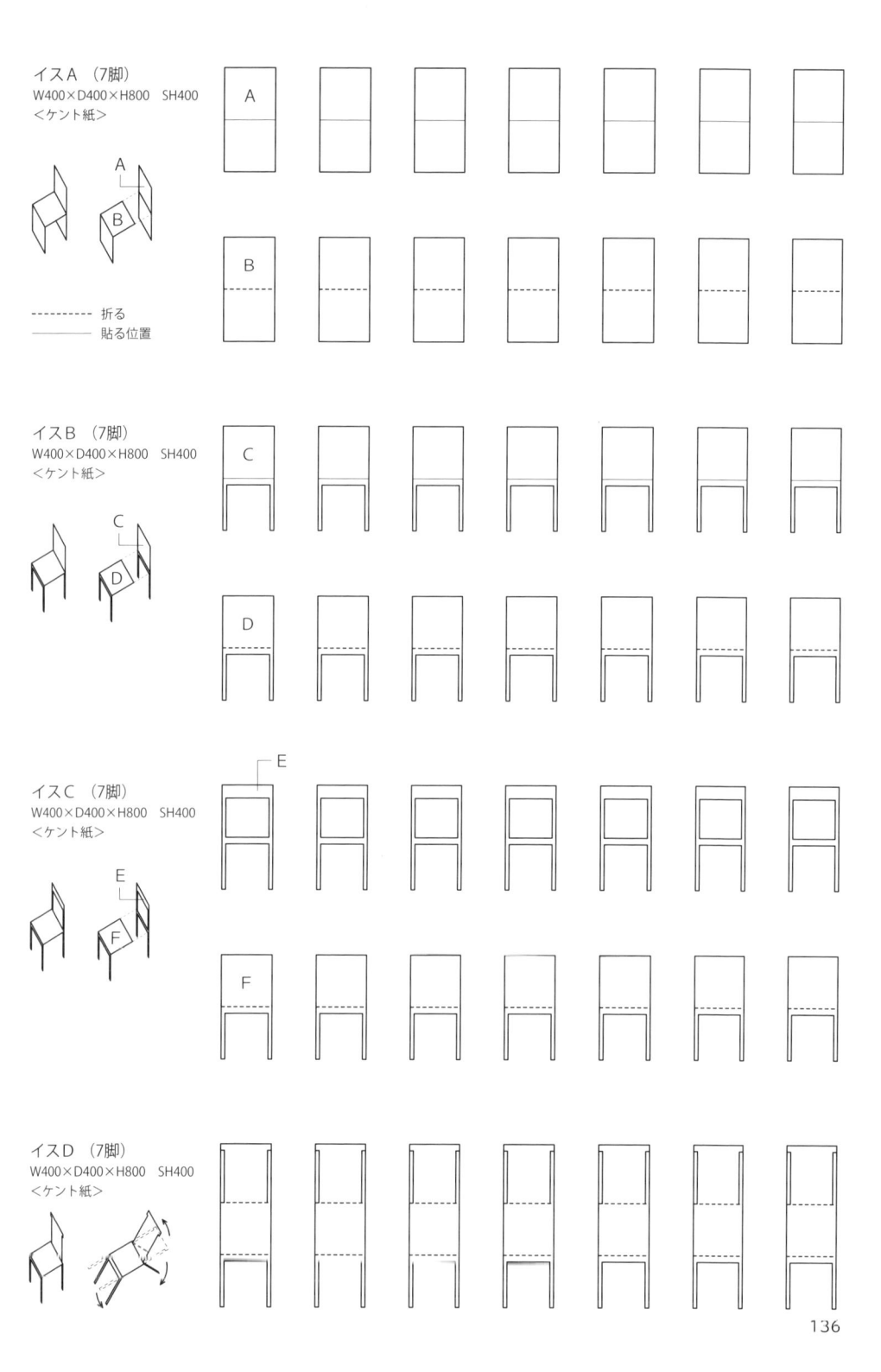

イスA （7脚）
W400×D400×H800　SH400
＜ケント紙＞

---------- 折る
―――― 貼る位置

イスB （7脚）
W400×D400×H800　SH400
＜ケント紙＞

イスC （7脚）
W400×D400×H800　SH400
＜ケント紙＞

イスD （7脚）
W400×D400×H800　SH400
＜ケント紙＞

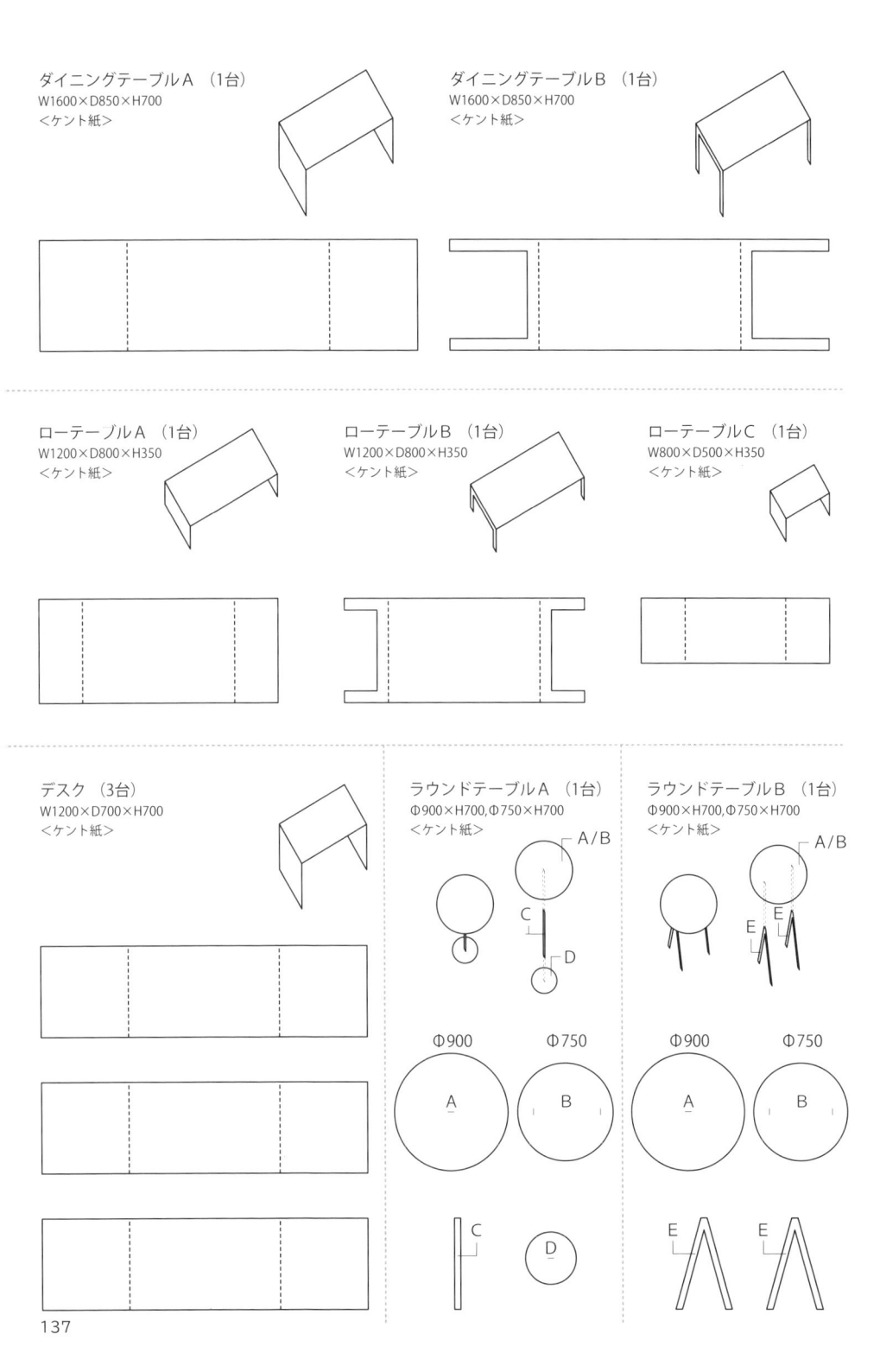

ダイニングテーブルA （1台）
W1600×D850×H700
<ケント紙>

ダイニングテーブルB （1台）
W1600×D850×H700
<ケント紙>

ローテーブルA （1台）
W1200×D800×H350
<ケント紙>

ローテーブルB （1台）
W1200×D800×H350
<ケント紙>

ローテーブルC （1台）
W800×D500×H350
<ケント紙>

デスク （3台）
W1200×D700×H700
<ケント紙>

ラウンドテーブルA （1台）
Φ900×H700, Φ750×H700
<ケント紙>

A/B
C
D

Φ900　Φ750
A　B
C　D

ラウンドテーブルB （1台）
Φ900×H700, Φ750×H700
<ケント紙>

A/B
E　E

Φ900　Φ750
A　B
E　E

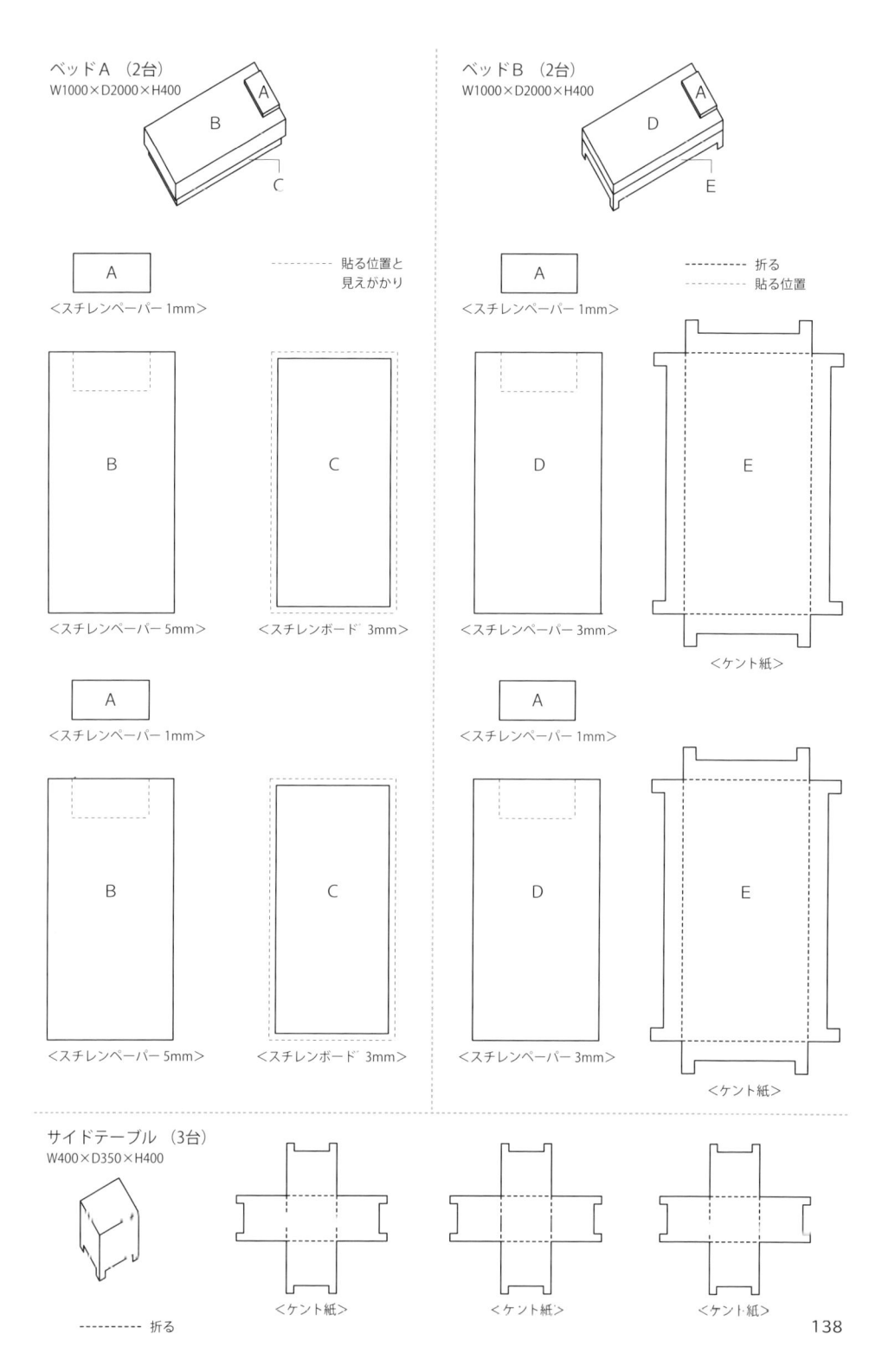

ベッドA (2台)
W1000×D2000×H400

A
B
C

ベッドB (2台)
W1000×D2000×H400

A
D
E

A
<スチレンペーパー 1mm>

------- 貼る位置と見えがかり

B
<スチレンペーパー 5mm>

C
<スチレンボード 3mm>

A
<スチレンペーパー 1mm>

------- 折る
------- 貼る位置

D
<スチレンペーパー 3mm>

E
<ケント紙>

A
<スチレンペーパー 1mm>

B
<スチレンペーパー 5mm>

C
<スチレンボード 3mm>

A
<スチレンペーパー 1mm>

D
<スチレンペーパー 3mm>

E
<ケント紙>

サイドテーブル (3台)
W400×D350×H400

<ケント紙> <ケント紙> <ケント紙>

------- 折る

138

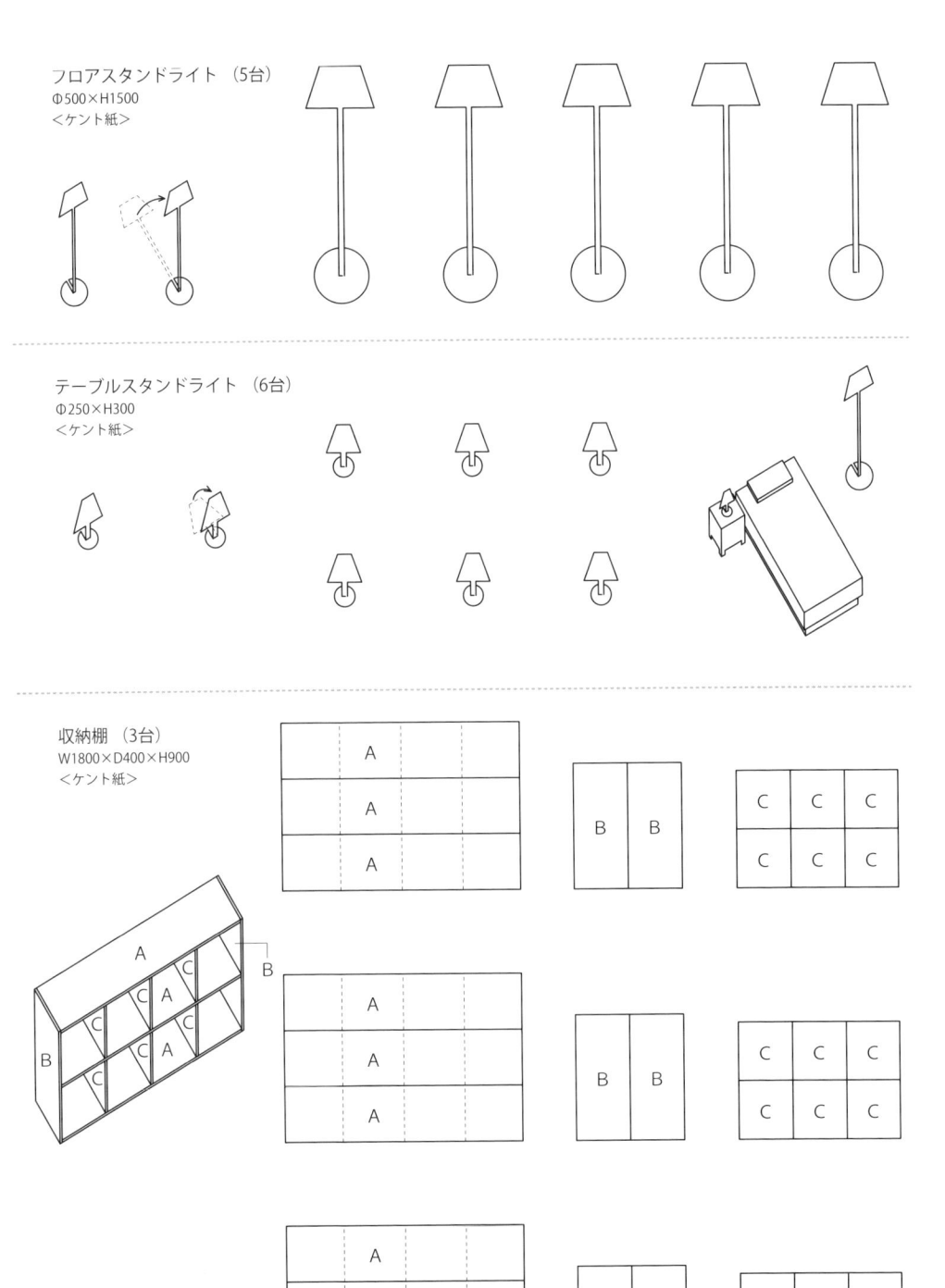

フロアスタンドライト（5台）
Φ500×H1500
<ケント紙>

テーブルスタンドライト（6台）
Φ250×H300
<ケント紙>

収納棚（3台）
W1800×D400×H900
<ケント紙>

——— 切る
------- 貼る位置

139

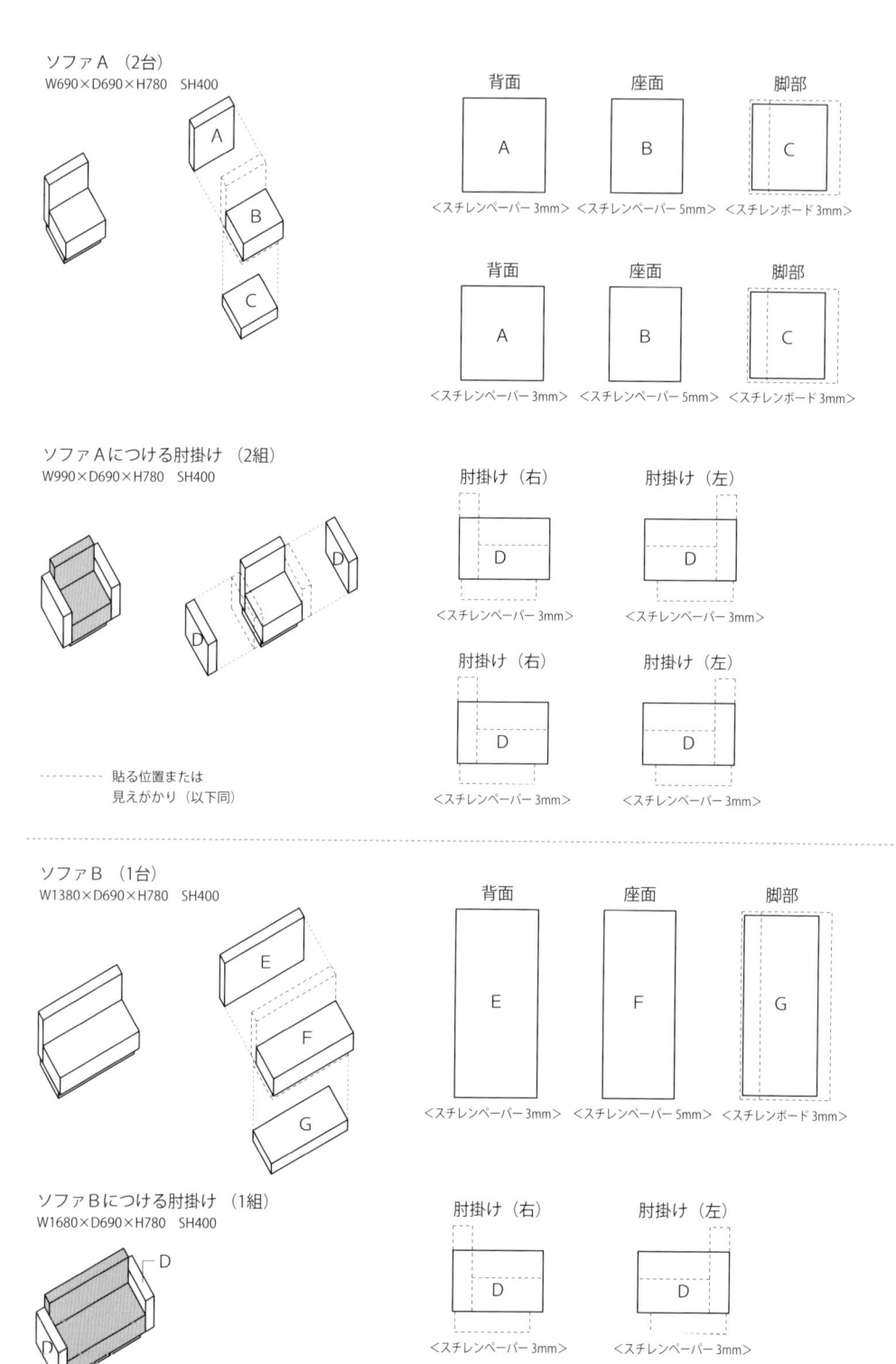

ソファA（2台）
W690×D690×H780　SH400

背面	座面	脚部
A	B	C
<スチレンペーパー 3mm>	<スチレンペーパー 5mm>	<スチレンボード 3mm>

背面	座面	脚部
A	B	C
<スチレンペーパー 3mm>	<スチレンペーパー 5mm>	<スチレンボード 3mm>

ソファAにつける肘掛け（2組）
W990×D690×H780　SH400

肘掛け（右）	肘掛け（左）
D	D
<スチレンペーパー 3mm>	<スチレンペーパー 3mm>

肘掛け（右）	肘掛け（左）
D	D
<スチレンペーパー 3mm>	<スチレンペーパー 3mm>

-------- 貼る位置または見えがかり（以下同）

ソファB（1台）
W1380×D690×H780　SH400

背面	座面	脚部
E	F	G
<スチレンペーパー 3mm>	<スチレンペーパー 5mm>	<スチレンボード 3mm>

ソファBにつける肘掛け（1組）
W1680×D690×H780　SH400

肘掛け（右）	肘掛け（左）
D	D
<スチレンペーパー 3mm>	<スチレンペーパー 3mm>

ソファC（1台）
W2070×D690×H780　SH400

背面　H　<スチレンペーパー 3mm>
座面　I　<スチレンペーパー 5mm>
脚部　J　<スチレンボード 3mm>

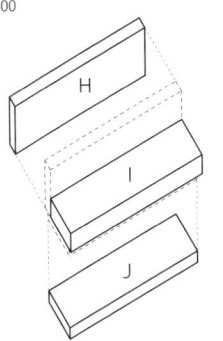

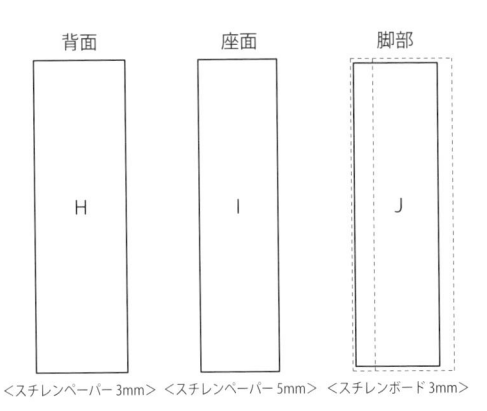

ソファCにつける肘掛け（1組）
W2370×D690×H780　SH400

肘掛け（右）　D　<スチレンペーパー 3mm>
肘掛け（左）　D　<スチレンペーパー 3mm>

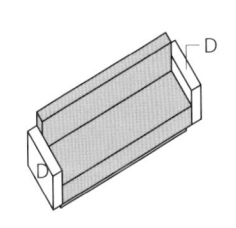

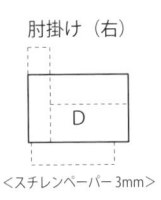

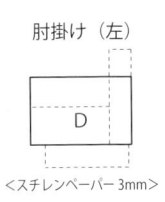

洗面カウンター（1台）
W1000×D600×H850

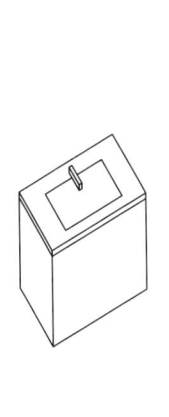

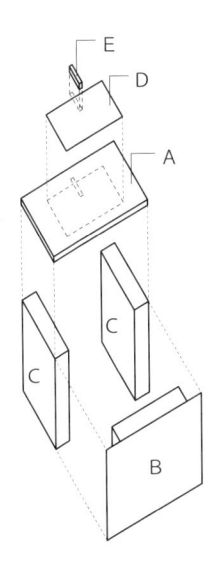

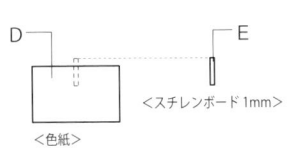

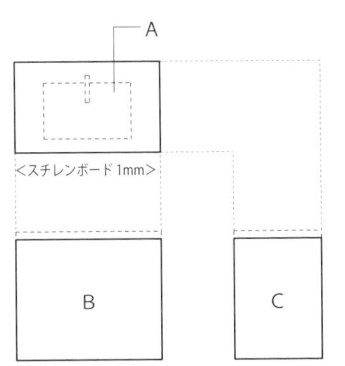

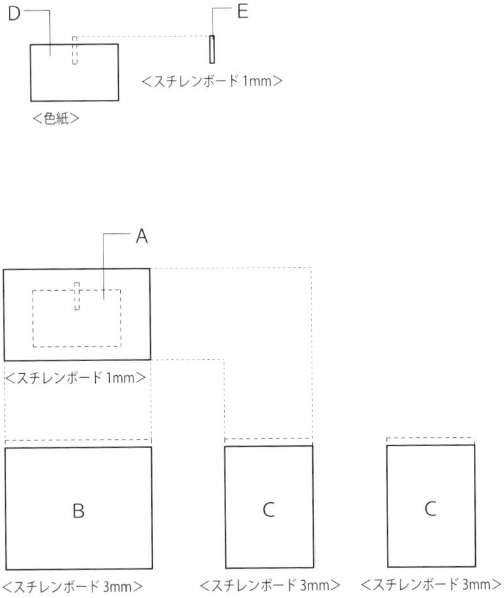

D　<色紙>
E　<スチレンボード 1mm>
A　<スチレンボード 1mm>
B　<スチレンボード 3mm>
C　<スチレンボード 3mm>
C　<スチレンボード 3mm>

141

キッチンカウンターA（1台）
W2700×D650×H850

<色紙> D
<色紙> E
<スチレンボード1mm> F
<スチレンボード1mm> A
<スチレンボード3mm> B
<スチレンボード3mm> C
<スチレンボード3mm> C

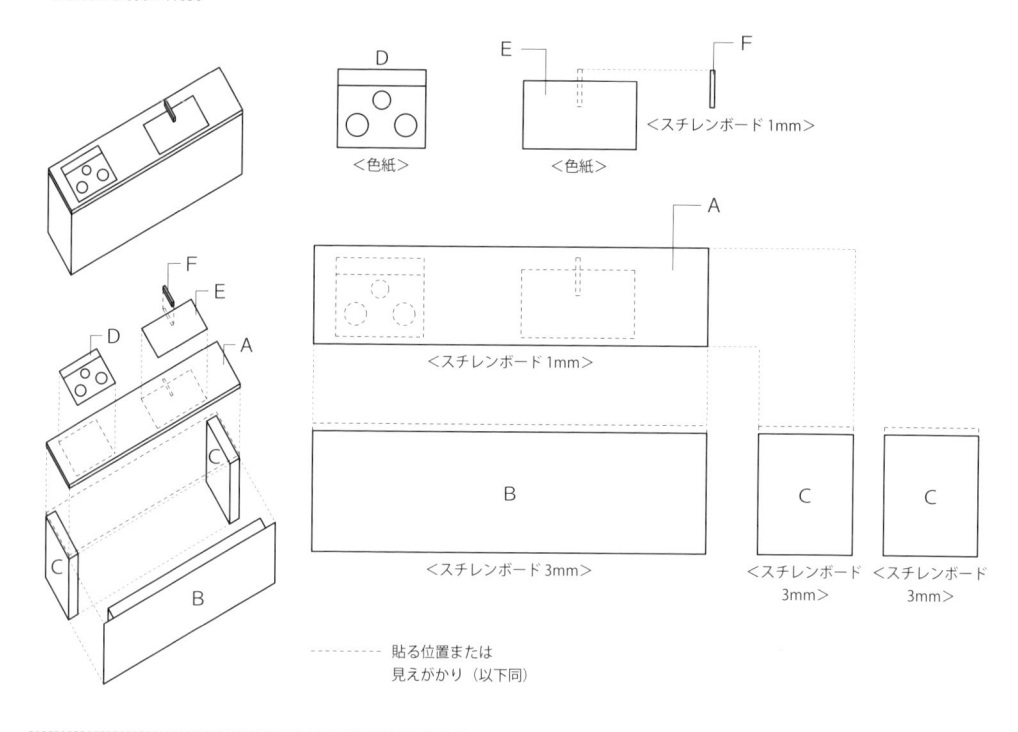

------ 貼る位置または
見えがかり（以下同）

キッチンカウンターB（1台）
W1800×D650×H850

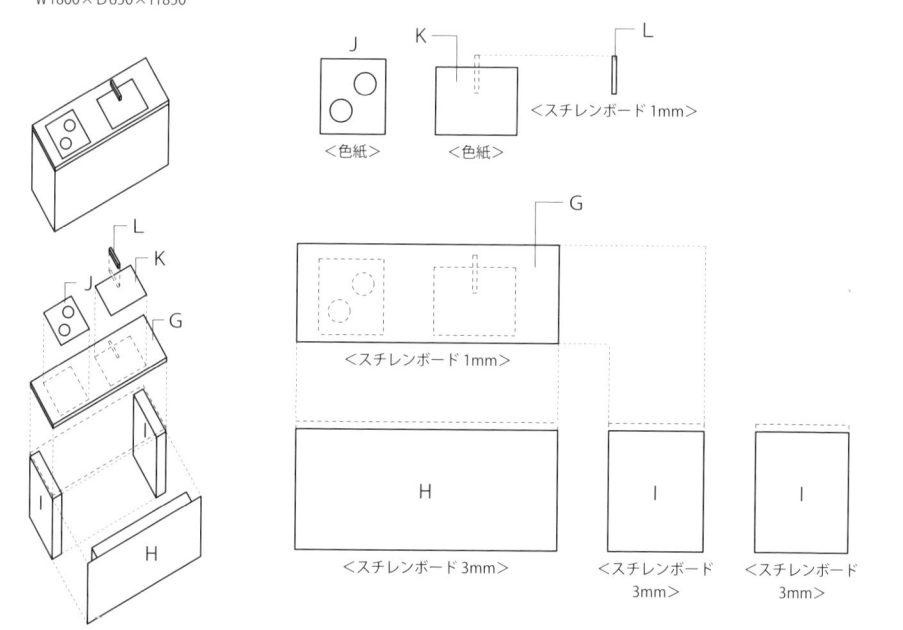

<色紙> J
<色紙> K
<スチレンボード1mm> L
<スチレンボード1mm> G
<スチレンボード3mm> H
<スチレンボード3mm> I
<スチレンボード3mm> I

冷蔵庫（1台）
W700×D700×H1830　約500L
＜スチレンボード 3mm＞

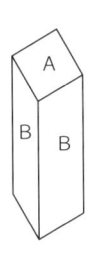

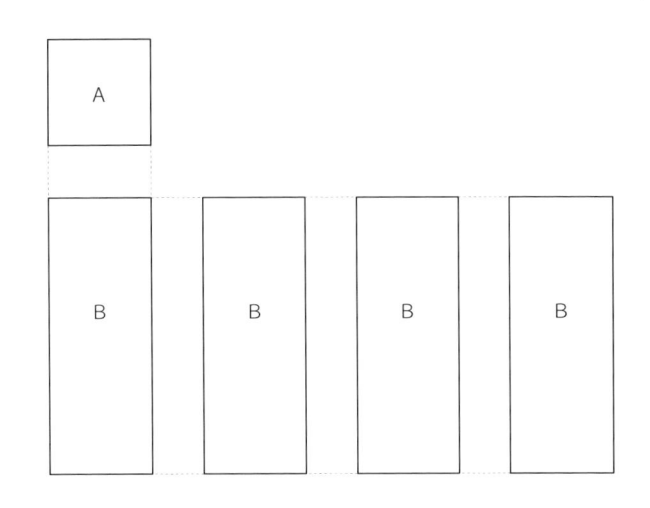

洗濯機（1台）
W600×D600×H1000　約8kg
＜スチレンボード 3mm＞

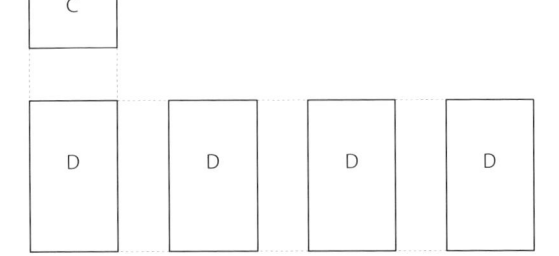

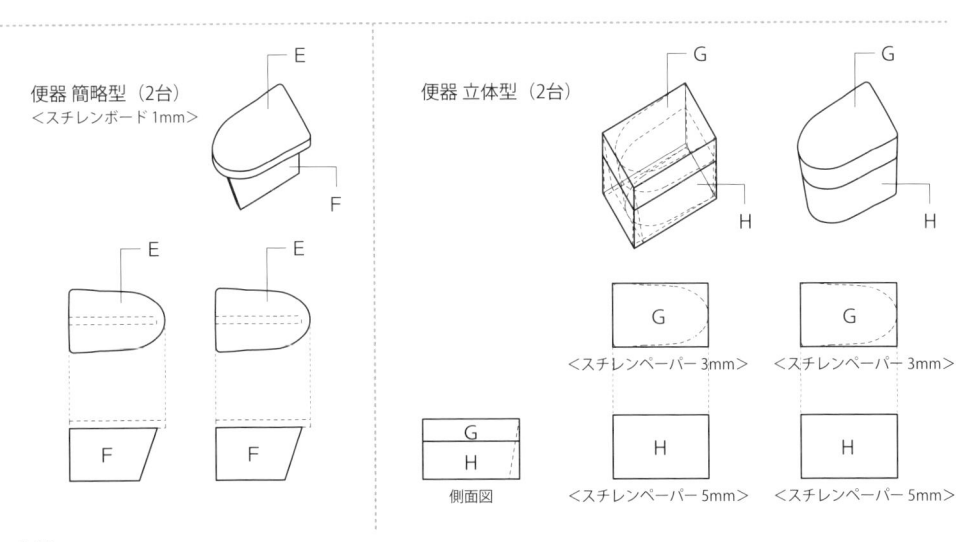

便器 簡略型（2台）
＜スチレンボード 1mm＞

便器 立体型（2台）

側面図

＜スチレンペーパー 3mm＞　＜スチレンペーパー 3mm＞

＜スチレンペーパー 5mm＞　＜スチレンペーパー 5mm＞

人・動物など
〈ケント紙〉

観葉植物（2鉢）

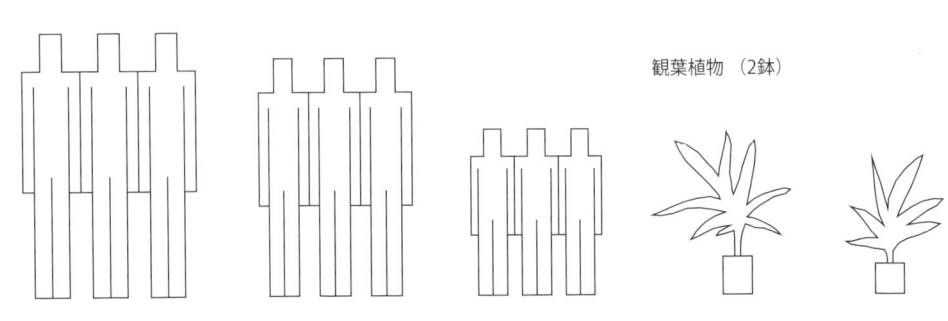

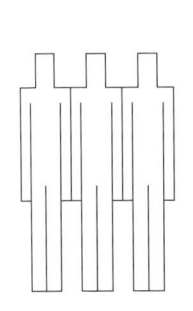

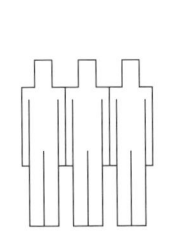

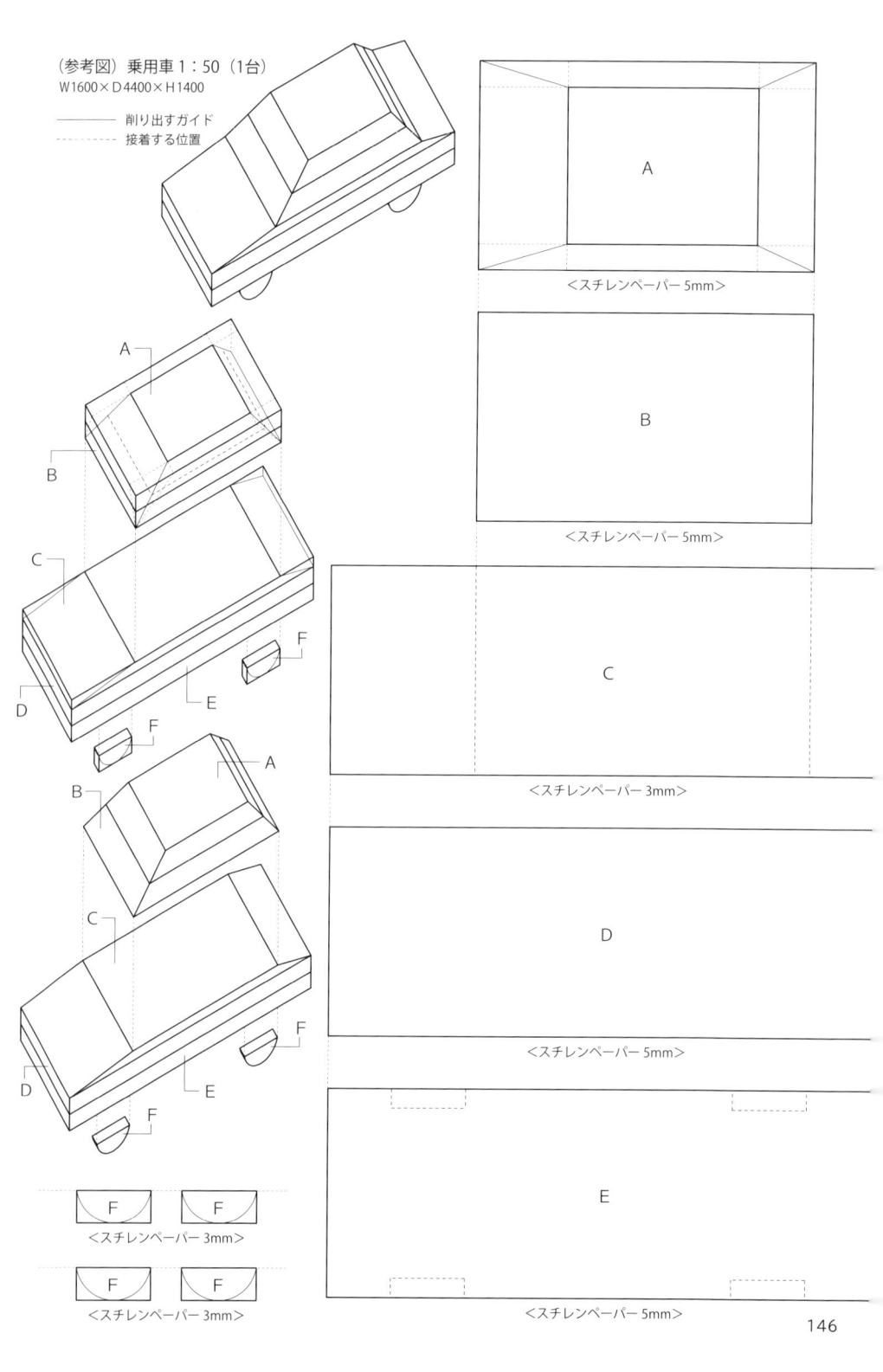

(参考図) 乗用車 1：50 （1台）
W1600 × D4400 × H1400

―――― 削り出すガイド
------ 接着する位置

A <スチレンペーパー 5mm>

B <スチレンペーパー 5mm>

C <スチレンペーパー 3mm>

D <スチレンペーパー 5mm>

E <スチレンペーパー 5mm>

F <スチレンペーパー 3mm>

F <スチレンペーパー 3mm>

146

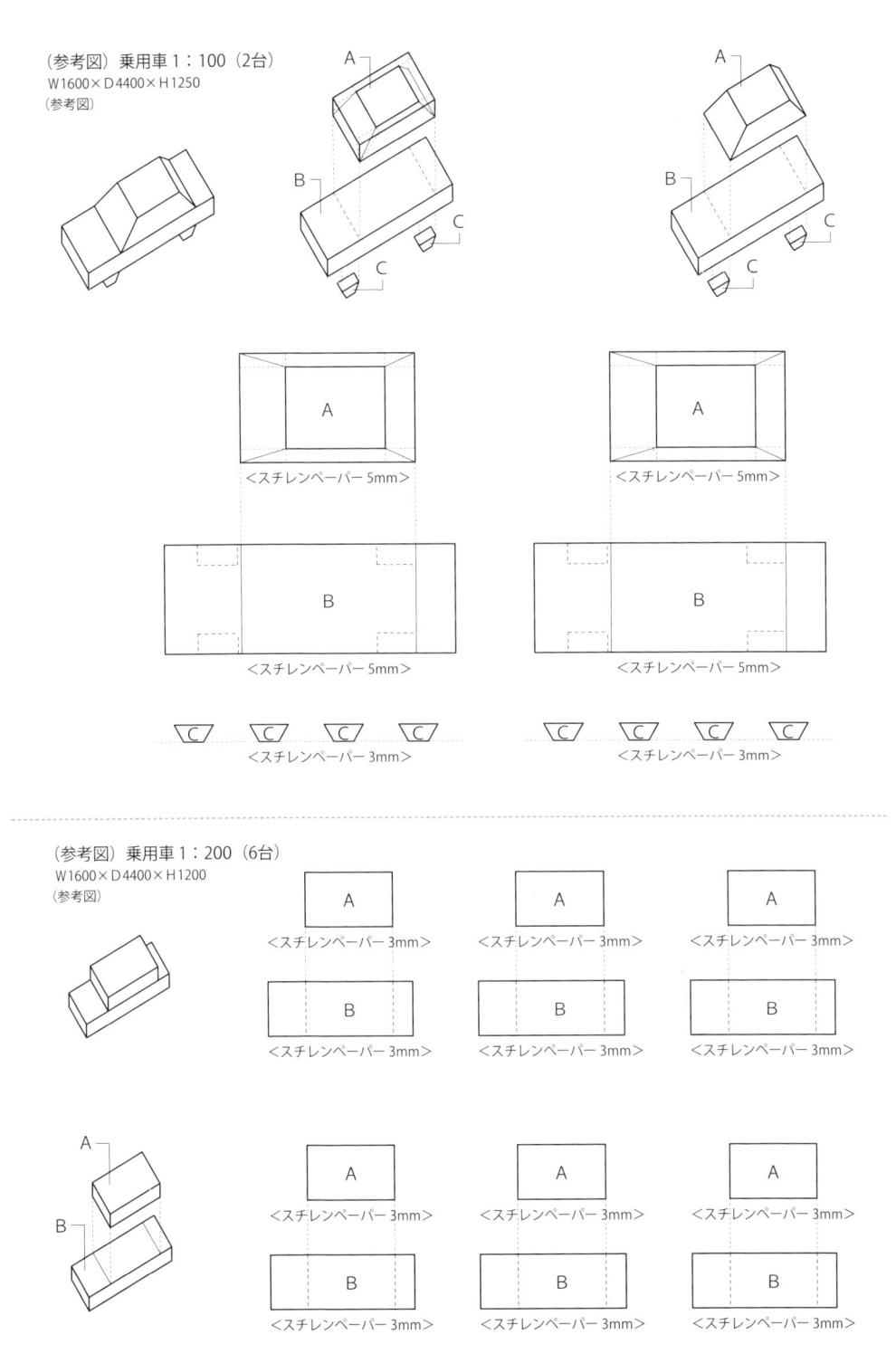

(参考図)乗用車 1：100（2台）
W1600×D4400×H1250
(参考図)

<スチレンペーパー 5mm>
<スチレンペーパー 5mm>
<スチレンペーパー 5mm>
<スチレンペーパー 5mm>
<スチレンペーパー 3mm>
<スチレンペーパー 3mm>

(参考図)乗用車 1：200（6台）
W1600×D4400×H1200
(参考図)

<スチレンペーパー 3mm>
<スチレンペーパー 3mm>
<スチレンペーパー 3mm>
<スチレンペーパー 3mm>
<スチレンペーパー 3mm>
<スチレンペーパー 3mm>
<スチレンペーパー 3mm>
<スチレンペーパー 3mm>
<スチレンペーパー 3mm>
<スチレンペーパー 3mm>
<スチレンペーパー 3mm>
<スチレンペーパー 3mm>

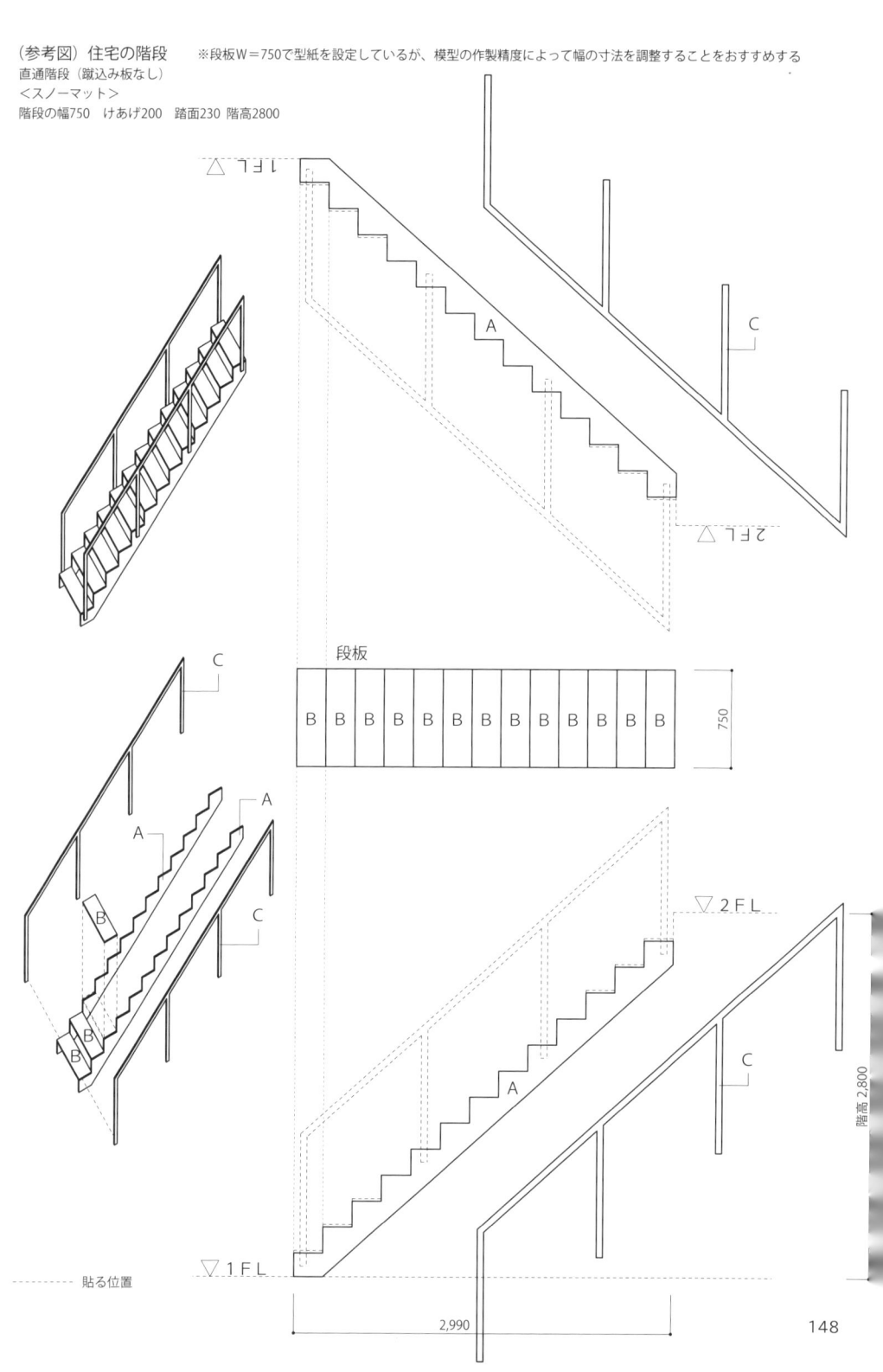

(参考図) 住宅の階段　　※段板W＝750で型紙を設定しているが、模型の作製精度によって幅の寸法を調整することをおすすめする
直通階段（蹴込み板なし）
＜スノーマット＞
階段の幅750　けあげ200　踏面230　階高2800

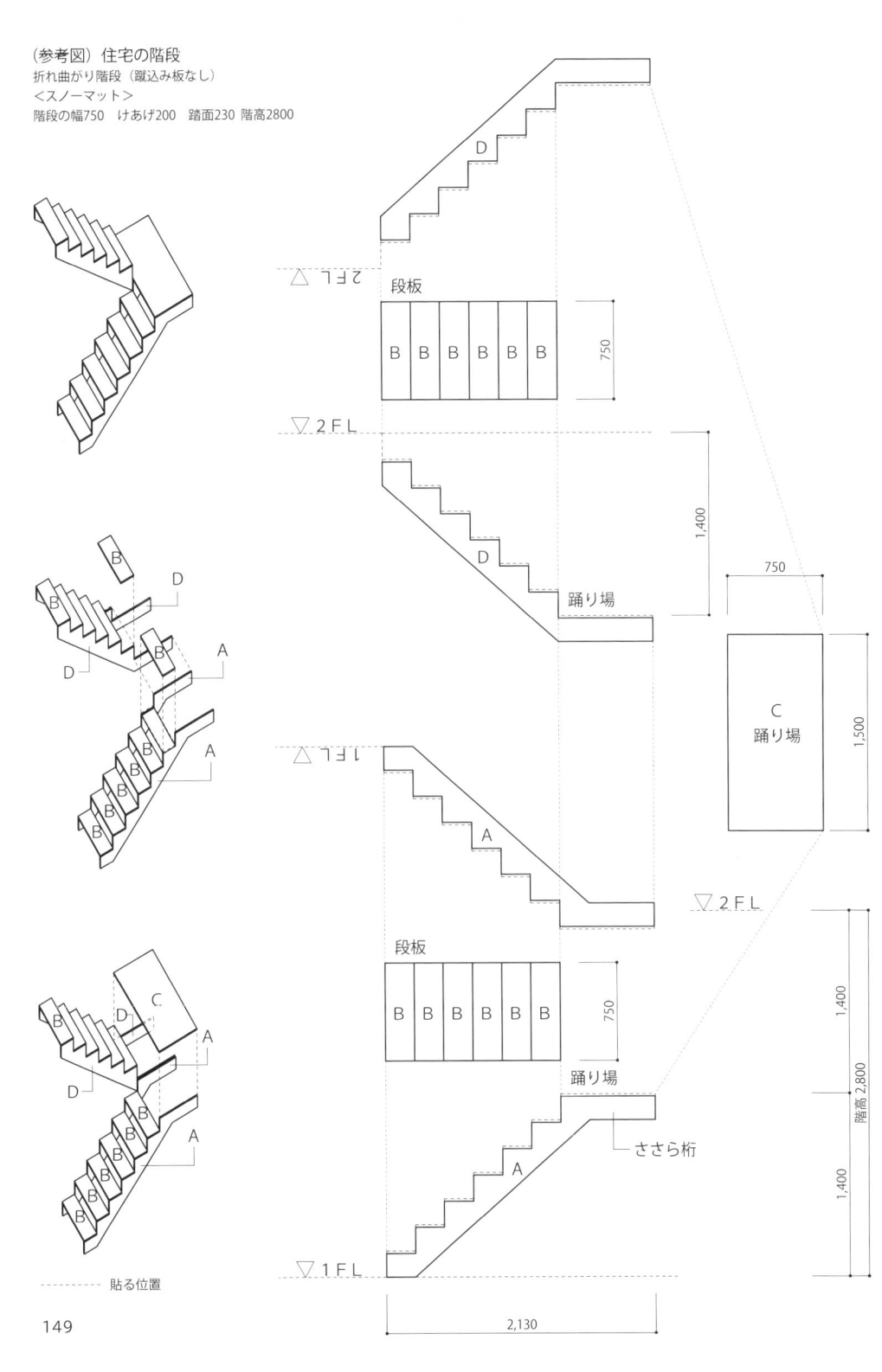

(参考図) 住宅の階段
折れ曲がり階段（蹴込み板なし）
＜スノーマット＞
階段の幅750　けあげ200　踏面230　階高2800

段板

B B B B B B

750

▽2FL

踊り場

1,400

750

C
踊り場

1,500

段板

B B B B B B

750

踊り場

ささら桁

1,400

階高2,800

1,400

------ 貼る位置

149

2,130

◎長沖　充（ながおき　みつる）
1968年　東京都生まれ
1989年　工学院大学専門学校建築学科卒業
1994年　東京理科大学第Ⅱ工学部建築学科卒業
1997年　東京芸術大学大学院美術研究科建築専攻修士課程修了
1997年　小川建築工房
2001年　中山繁信/TESS計画研究所
2005年　長沖充建築設計室設立
現在に至る
都立品川職業訓練校非常勤講師
会津大学短期大学部非常勤講師
日本大学生産工学部非常勤講師

著書
『階段がわかる本』『階段から考える住宅設計』（共著、彰国社）、『やさしく学ぶ建築製図』『世界で一番やさしいエコ住宅』『建築家の名言』『家づくりの裏ワザアイデア図鑑』（共著、以上、エクスナレッジ）、『矩計図で徹底的に学ぶ住宅設計』『矩計図で徹底的に学ぶ住宅設計［RC編］』『矩計図で徹底的に学ぶ住宅設計［S編］』（共著、以上、オーム社）、『窓がわかる本：設計のアイデア32』『現場写真×矩計図でわかる！建築断熱リノベーション』（共著、学芸出版社）

建築作品
「菅生の家」「追浜の家」「代々木上原の家」「平塚の家」「北池袋の家」「東十条の家」「塚本の家」「神栖の美容室」「神栖の美容室Ⅱ」「さぎのみやの家」など

見てすぐつくれる 建築模型の本
2015年9月30日　第1版　発　行
2024年4月10日　第1版　第7刷

著　者　　長　　沖　　　　充
発行者　　下　　出　　雅　　徳
発行所　　株式会社　彰　国　社

著作権者と
の協定によ
り検印省略

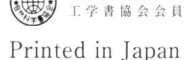

　　自然科学書協会会員
　　工学書協会会員
Printed in Japan
© 長沖　充　2015年

162-0067 東京都新宿区富久町8-21
電話　03-3359-3231（大代表）
振替口座　00160-2-173401

印刷：三美印刷　製本：ブロケード

ISBN 978-4-395-32049-3　C3052　https://www.shokokusha.co.jp

本書の内容の一部あるいは全部を、無断で複写（コピー）、複製、および磁気または光記録媒体等への入力を禁止します。許諾については小社あてにご照会ください。